W0344522

# L'état de la poésie contemporaine

Collection « Spondi »
dirigée par Norbert Paganelli

© SPONDI 2024
www.editionsbdl.com
20110 Propriano

ISBN : 978-2-35687-989-9

Norbert Paganelli
Coordination

# L'État de la poésie contemporaine

## Actes du colloque

Spondi

# Allocution de Philippe Peretti

Maire-adjoint chargé du patrimoine et du mécénat :

Bonjour à tous, je suis très heureux, au nom de la municipalité de Bastia, de vous accueillir, dans les locaux de la bibliothèque Tommaso Prelà.

Nous avons déjà eu l'occasion d'accueillir ici-même plusieurs manifestations de la Maison de la Poésie de la Corse et nous nous réjouissons de cette collaboration qui témoigne de l'ouverture de notre île aux initiatives culturelles de qualité privilégiant les débats et la confrontation d'idées.

Que les personnalités ici présentes, qu'elles soient originaires de notre île où qu'elles viennent d'ailleurs, soient les bienvenues. Nous avons infiniment besoin de cette diversité car elle est source d'enrichissement spirituel et de nécessaires évolutions. Vous allez débattre, vous interroger sur une activité littéraire qui vous tient à cœur et c'est très bien de se poser un instant afin de tenter de faire le point, de s'interroger pour, peut-être, remettre certaines horloges à l'heure. Toutes les mécaniques arrivent à se dérégler avec le temps, la réflexion seule, qu'elle soit collective ou solitaire permet d'y remédier, de corriger certains points de vue, vous avez bien raison de faire cette halte et nous vous remercions tous de l'avoir faite chez nous.

Merci à vous et merci à Linda Piazza la directrice d'avoir avec Norbert Paganelli organisé ce colloque sur l'état de la poésie contemporaine auquel le public a répondu présent ce qui semble être un indice de son intérêt pour cette heureuse initiative.

Encore merci et bon travail…

# Introduction de Norbert Paganelli

Président de la Maison de la Poésie de la Corse :

Merci d'être venus aussi nombreux pour assister au colloque organisé par A Casa di a Puisia en ce lieu qui nous est maintenant familier, celui de la Bibliothèque Tommaso Prelà à Bastia.

Qu'avons-nous voulu faire ? Il nous a semblé opportun de nous interroger de temps en temps sur ce qu'est la poésie. Pourquoi ? Parce que sans questionnement, ouvert, honnête, il n'est guère possible de progresser dans l'exercice de son art. Être muré sans des certitudes, des habitudes, des grilles de lectures c'est s'interdire de jeter un œil sur d'autres possibles et de ce fait, s'interdire de progresser.

Faire le point sur l'existant, questionner, émettre des hypothèses, échanger sera la clef de voûte de ces rencontres car il y en aura d'autres, soyez-en certains, ceci est gravé dans le marbre du texte fondateur de la Maison de la Poésie de la Corse.

Il y a autour de moi trois personnes que vous connaissez bien car elles occupent une place centrale au sein de l'univers poétique insulaire : Jacques Fusina, parolier, poète et romancier, Jacques Thiers qui par modestie ne se dit pas poète, ce en quoi il a grand tort, mais romancier et scénariste et Alain di Meglio, parolier, poète et chroniqueur.

Il y a aussi trois personnes que vous connaissez moins bien et qui nous viennent du continent : Marilyne Bertoncini, poétesse, codirigeante de la revue en ligne *Recours au poème,* Michel Dunand, poète, directeur de la revue *Coup de Soleil* et directeur de la *Maison de la Poésie d'Annecy* ainsi que Jacques André, amateur de poésie et éditeur bien connu des poètes.

Il m'a été reproché la très faible présence des femmes au sein de ce colloque et je plaide bien volontiers coupable. Sachez que ce n'est nullement une intention délibérée de ma part mais une contrainte d'agenda : les femmes pressenties pour participer à ce colloque y ont renoncé pour des raisons d'impératifs de dernière minute. Je veillerai lors du prochain colloque à ce que la parité pleine et entière soit respectée même au prix d'un report dans la programmation.

Je tiens, au nom de la Maison de la Poésie de la Corse à remercier la ville de Bastia, représentée aujourd'hui par Philippe Peretti qui a répondu favorablement à notre demande de partenariat, Evelyne Adam, ici présente avec Auguste Carta qui, au nom de Radio Corse International va assurer la captation et la diffusion de ce colloque et vous tous pour votre aimable présence.

## Qu'est-ce que la poésie ?

*Conversant, il y a quelques minutes avec l'un d'entre vous, je rappelais le propos de Georges Pompidou dans l'introduction de son anthologie de la poésie française que je souhaiterai vous lire :*

> « Qu'est-ce donc que la poésie ? Bien savant qui le dira. Qu'est-ce que l'âme ? On peut constater chez un homme toutes les manifestations de la vie, les analyser et les décrire ; on peut – nous l'avons tous fait au collège – analyser un poème, étudier composition, vocabulaire, rythme, rime, harmonie. Tout cela est à la poésie ce qu'un cœur qui bat est à l'âme. Une manifestation extérieure, non une explication, encore moins une définition. Si donc je voulais m'approcher davantage d'une définition de la poésie, je la chercherais plutôt dans ses effets. Lorsqu'un poème, ou simplement un vers provoque chez le lecteur une sorte de choc, le tire hors de lui-même, le jetant dans le rêve, ou au contraire le contraint

à descendre en lui plus profondément jusqu'à le confronter avec l'être et le destin, à ces signes se reconnaît la réussite poétique. »

*Je lui disais, qu'au fond, il me semblait, avec un langage très simple, avoir dit l'essentiel. Il reste que d'autres définitions sont envisageables et nous sommes justement là pour les entendre, les discuter, les contester même...*

*Honneur à la seule femme participant à ce colloque, pour des raisons indépendantes de ma volonté, c'est à toi Marilyne Bertoncini.*

Marilyne Bertoncini :

Merci infiniment de me donner la parole en premier.

Il me semble que tenter de définir la poésie c'est quelque part la tuer. Une définition implique quelque chose de statique, de presque définitif or rien n'est statique ou définitif dans la poésie.

J'ai le sentiment qu'elle est, bien souvent, une tentative de sortir des cadres conventionnels avec une volonté délibérée d'être multidimensionnelle. Elle est aussi, presque toujours, une forme de résistance, un partage, et une réflexion sur la langue.

On peut bien sûr établir des classifications : poésie lyrique, réaliste, humoristique, engagée... Mais l'un des points communs à toutes ces formes particulières de poésie est peut-être sa faculté de s'extraire de la logique rationnelle afin de proposer d'autres voies. La logique rationnelle maintient la création dans des sortes de rails alors qu'une autre approche, plus intuitive, plus analogique, ouvre de nouvelles pistes créatives.

La poésie, me semble-t-il, est toujours indissociable de l'idée de renouvellement des formes tout en manifestant une volonté de résister à ce qui est dominant.

Je pense tout particulièrement à Claudine Bohi et à son recueil *Un couteau dans la tête* dans lequel elle évoque l'impact des secrets de famille dans les représentations mentales des enfants. On voit bien que le sujet est tout à fait inaccoutumé en poésie, et explore un champ habituellement réservé aux thérapeutes. Il reste que le regard que porte la poétesse fait émerger quelque chose de différent du discours thérapeutique.

Je pense aussi à Christine Durif-Bruckert, chercheuse en Anthropologie et en psychologie sociale, qui, dans son ouvrage *Elle avale des levers de soleil,* aborde, d'une manière également novatrice, la question de l'anorexie à travers le monologue d'une femme. L'idée lui est venue en conduisant des entretiens devant alimenter ses travaux scientifiques et le regard qu'elle nous offre sur la maladie permet de prendre ses distances avec le regard habituellement porté sur elle.

Qu'il me soit permis également de faire référence à mon recueil *XXLS* qui tente de questionner la place des femmes dans la littérature à partir des lettres de l'alphabet.

Dans ces trois exemples, et il y en a bien d'autres, la poésie se présente comme une manière toujours originale d'explorer le réel en refusant le cadre habituel qui formate à notre insu ce que nous percevons, on retrouve donc cette notion d'insubordination qui me semble être l'une des caractéristiques de la démarche poétique.

NORBERT PAGANELLI :

Merci Marilyne, je pense que tu aurais pu également faire référence à ton texte *La noyée d'Onagawa* qui retrace la tragédie du tsunami dont a été victime le Japon en 2011 et met en scène la quête désespérée d'un homme qui souhaite retrouver le corps de sa bien-aimée enseveli sous les eaux. Ton approche refuse d'emblée le cadre habituel du poème comme on va le voir :

> « À peine enclenchée la sirène d'alerte,
> Yuko et ses douze collègues, disciplinés,
> étaient montés très vite sur le toit de la banque.
> Dix mètres, ça devait suffire.
>
> Quinze heures vingt et une. Elle envoie
> à son mari ces deux mots pleins
> d'effroi : tsunami énorme.
>
> À cette heure-là, déjà la vague
> de treize mètres
> est passée par-dessus les quais du port
> charriant tout sur passage. »

Une personne, peu familière de la poésie contemporaine, découvrant ce texte pourrait se demander : « Mais dans cette description, parfois factuelle de la catastrophe, dans ces éléments distillés comme s'il s'agissait d'une dépêche d'agence, où est la poésie ? »

Marilyne Bertoncini :

La dépêche d'agence est précisément à l'origine du texte, c'est elle qui l'a fait naître. La poésie réside justement dans le lien entre le fait brut et le traumatisme, le saisissement qu'il a suscité pour les victimes et leurs contemporains, et entre ces émotions et ce que j'ai moi-même perçu et ressenti.

Mon idée a été de tisser ces liens afin de faire (re)naître de l'émotion. Après m'être documentée sur l'évènement j'ai tenté de composer ce long poème un peu comme l'on compose une œuvre musicale et toujours avec cette volonté de trouver une manière différente de dire les choses.

Norbert Paganelli :

Nous retiendrons donc cette notion d'insubordination comme l'un des éléments constitutifs de la création poétique, insubordination qui permet au poète d'avoir toujours, ce que notre ami Marie-Jean Vinciguerra appelait un « regard oblique » sur le réel et sur lequel il s'appuie.

Je donne maintenant la parole à Jacques Thiers.

Jacques Thiers :

Je suis totalement incapable de répondre à cette question. J'ai rencontré la poésie dans mon éducation scolaire comme tout un chacun; et je l'ai rencontrée également grâce à mon oncle qui s'appelait Jacques, comme moi : Jacques Dalzeto. Il était instituteur dans les Deux Sèvres et écrivait de nombreux poèmes qui étaient interprétés par des chanteurs du village di L'Alzetu ou par lui-même, lorsque l'été était venu.

« *Un ghjornu di primavera,*
*Troppu solu è sbandunatu*
*Mi sò dettu ùn vale a pena*
*Di campà cusi sguaiatu*
*Vogliu truvà una moglia*
*Incù a pella liscia cum'e cipolle...*

*Giratu aghju meza terra*
*Per sguassà 'ssu fior raru*
*A Francia sin'à l'Inghilterra,*
*A Corsica sin'à Macinaghju*

*Finalmente n'aghju truvatu una*
*Quassù in punta di Capruna*
*Ghjera una turista meza nuda*
*Ed hè perciò ch'ella m'hè piaciuta.* »

Voici ce que représentait la poésie pour moi lorsque j'étais enfant et je l'ai perçue comme une sorte d'étage inférieur de la littérature, inférieure en tout cas à ce que je considérais comme l'étage supérieur : le roman.

J'ai longtemps associé la poésie à l'art de faire rimer les vers et c'est, je crois, la raison pour laquelle je m'en suis éloigné lui préférant très largement la prose littéraire.

J'ai complètement changé d'avis, bien plus tard, le jour où j'ai dû enseigner le corse. Je voudrais rappeler les difficultés que nous rencontrions pour mettre en place cet enseignement : par exemple, nous ne pouvions le faire qu'après 18h dans les locaux scolaires, ce qui nous compliquait singulièrement la tâche…

À cette époque, c'est-à-dire dans le début des années 1970, j'ai acquis la conviction que pour faire entendre le corse au-delà des murs de l'école il fallait que cette langue aille à la rencontre de son public, c'est-à-dire : dans la rue. J'ai donc eu recours aux trois chanteuses du groupe *Soledonna* : Patrizia Gattaceca, Patrizia Poli et Lydia Poli…

Mais il fallait écrire des textes poétiques, ce que j'ai commencé à faire en ayant recours à mon ami Jacques Fusina qui faisait partie, comme moi, du comité de rédaction de la revue *Rigiru* et qui avait déjà publié de nombreux textes poétiques. Sa réponse a été que ses poèmes n'étaient pas vraiment faits pour être chantés. Il devint pourtant le plus grand parolier des chanteurs insulaires…

Je me suis alors penché de manière plus attentive sur la poésie et j'ai même consacré un mémoire à Paul Valéry intitulé : *Étonnement et attention dans Charmes.* J'avoue que c'est le poète qui m'a le plus inspiré car il a conduit une véritable réflexion sur la nature de son art en faisant remarquer que la poésie n'est pas en contradiction avec l'intellect auquel on l'oppose bien souvent et à tort.

MICHEL DUNAND :

Je n'ai pas, pour ma part, de définition de la poésie à proposer et j'espère bien qu'au terme de ce colloque il n'y en aura pas car j'aurais alors le sentiment d'avoir à respecter un modèle, une recette ou l'obligation de suivre une route largement balisée.

Je suis un poète du voyage. Ma définition de la poésie voyage aussi.

Permettez-moi de citer Philippe Jaccottet qui dit quelque chose de très simple, de très vrai :

> « Le langage de la poésie m'est toujours apparu comme celui qui sait tirer un chant ou une simple chanson de nos peines, légères ou violentes, de nos voyages dans le temps, dans l'espace du dehors comme dans celui du dedans, qui bâtit une musique même à partir de l'ombre et de l'absence. »

Je souhaiterais également vous lire deux de mes textes afin de mieux illustrer mon propos.

Voici tout d'abord :

« *Un monde en soi*

I

Quel est ton secret poésie ?

Ton soleil fascine, il m'enivre. Il m'emporte avec lui dans sa danse
endiablée. Je tourne aussi.

II

Qu'est-ce qu'un vers ?
Un univers ?

Qu'est-ce qui se passe, au juste, au cœur des mots, dans l'intervalle éblouissant qui les relie ? »

Et puis également celui-ci qui a été publié dans *Au fil du labyrinthe ensoleillé*[1], (Jacques André Éditeur) :

« *Écarts*

Je revois souvent ma copie de voyageur.

La poésie consiste à sortir des rails, des chemins, des sentiers, des tracés ; pas à les suivre aveuglément, jusqu'au bout du monde ou non. Je cherche à me ressembler. Je cultive aussi le caillou, le ravin. »

---

1 M. Dunand, 2018, *Au fil du labyrinthe ensoleillé*, Jacques André Éditeur, Lyon.

Norbert Paganelli :

Merci Michel Dunand, j'avais moi aussi retenu l'un de tes textes que je souhaite lire maintenant car il me semble nous révéler ta conception de la poésie. D'ailleurs, d'une manière très générale, si l'on constate, chez beaucoup de poètes, une difficulté à définir leur art lorsqu'on les questionne à ce propos, on découvre dans leurs écrits qu'ils n'hésitent pas à y répondre, implicitement ou explicitement…

« *Profession de foi*
Auteur ?
Poète ?
À voir…

*

Je traduis. Je traduis seulement.
J'ajoute un nom, celui que la nuit m'a donné.
La vie fait le reste. »

Jacques André :

Tout à l'heure, en montant les escaliers qui mènent jusqu'ici, j'ai croisé une personne qui m'a demandé : « Vous venez pour la poésie ? » Je lui réponds par l'affirmative et elle me dit : « C'est au troisième étage. Bon courage ! » Alors j'ai continué à gravir les escaliers. Cela m'a interpellé. Je me suis dit qu'au fond, c'était normal car la poésie se méritait. Je crois, en effet, qu'un effort est nécessaire pour accéder à la poésie. Et, je vous le demande : lorsque vous faites une excursion en montagne et que vous arrivez au sommet convoité, est-ce que vous vous amusez à définir le parcours que vous vous êtes infligé ou la peine que vous avez eue ? La récompense résulte du fait que vous êtes arrivé en haut du chemin. Alors, tenter de donner une définition, surtout quand on est éditeur de poésie, c'est, à mon avis, encore plus difficile.

Je pourrais peut-être tenter une définition qui soit propre à chaque poète, à chaque type particulier de poésie mais il m'est impossible de donner une définition de la poésie en général.

J'ai, justement, posé la question à un de mes amis qui est un poète de Bretagne : Patrick Argenté mais je ne vous lirai pas de suite son propos car si je vous le lisais maintenant, je n'aurais plus rien à dire et cela me gênerait un peu.

Je le ferai un peu plus tard, au moment le plus opportun…

Pour l'instant, nous allons essayer de réfléchir par nous-mêmes. Lorsque j'ai un problème avec la définition d'un terme, je m'efforce toujours de revenir à la définition première, à l'étymologie c'est-à-dire, pour moi, aux fondamentaux. Le mot « poème » en grec, signifie « faire » et faire c'est fabriquer à partir du néant.

La poésie, c'est le cri primal, elle précède le langage et celui-ci est donc né de la poésie elle-même. Nous avons un organe vocal qui nous permet d'émettre des sons lesquels peuvent être considérés comme des alertes : attention, il y a un tigre, attention, il y a un éditeur à compte d'auteur… Des cris, des alertes qui signalent quelque chose d'important.

La poésie, c'est justement cette littérature première.

On a cru pendant un certain temps, et beaucoup le croient encore, que le roman était l'exemple même de la littérature. Pour moi, il est plutôt une forme déclassée de la littérature, tandis-que la poésie en est l'expression la plus élevée. Le roman est un divertissement extrêmement agréable qui vous décrit des fictions intéressantes, des dessous de réalité alors que la poésie, elle, décrit ce qui est vrai. Et c'est certainement pour cela que très souvent la poésie fait peur.

Spontanément, de nombreuses personnes vont vous donner une définition de la poésie, une définition bien incomplète qui a surtout pour fonction de leur permettre de ne pas la lire et de ne pas la pratiquer[1].

Jacques Fusina :

Une définition que j'ai donnée de la poésie se trouve dans l'anthologie *A Filetta*[1] et, l'ayant relu récemment, je n'y ai pas grand-chose à changer. Je vais vous la lire :

---

1 *A Filetta; La fougère*, onze poètes corses contemporains traduits et présentés par Francescu-Micheli Durazzo, 2006, éditions PHI, Belvaux, p. 65.

> « La poésie est l'expression humaine par excellence en ce qu'elle projette d'engager la langue dans ce qu'elle a de plus créatif et de plus maîtrisé à la fois. Art et expérience du langage, elle est donc certes exercice littéraire, comme pratique et comme genre, mais excède par son exigence même l'objet de la littérature dont on sait le domaine divers et inégalement occupé. L'écriture poétique, en vers comme en prose, et quelle que soit la langue, me semble pouvoir mieux échapper à une certaine médiocrité des formes langagières circulantes. En langue corse comme en quelques autres, la question prend un relief particulier du fait de la prégnance encore forte de l'oralité première, de l'histoire culturelle réactivée dans ses réalités et dans ses mythes, du statut actuel succédant aux pratiques anciennes, de l'irruption du scriptural dans le champ pédagogique et l'appréhension populaire. Un tel domaine d'action composant ainsi une problématique d'une grande complexité susceptible aussi bien d'en augmenter l'intérêt que d'en brouiller les pistes [...]. »

Je renvoie donc à ce texte car il m'avait demandé un certain temps de réflexion.

Il reste que je souhaite aujourd'hui improviser mon propos à partir de ce que j'ai entendu. Ce que vous avez dit de la poésie comme pratique impossible à définir rejoint ce que disait Georges Pompidou dans la célèbre préface de son anthologie de la poésie française. Effectivement, il faut être bien savant pour la définir.

Je ne souhaite ne parler que de la poésie d'aujourd'hui, de la poésie contemporaine. Parce que la poésie a une histoire et au fil de cette histoire les définitions, ou plutôt les tentatives de définition, ont varié et que son statut, en tant que genre littéraire, a évolué.

Nous sommes à Bastia, nous sommes dans une ville qui parle français, beaucoup, et qui parle corse aussi... un peu.

La langue corse existe, elle est là, on a milité et on milite toujours pour sa revalorisation et pour son exercice de sa pratique quotidienne.

Jacques Thiers a parlé de la revue *Rigiru*, je voudrais évoquer la période qui précéda son avènement car c'est de cette époque que datent mes premiers engagements poétiques.

J'ai commencé par écrire de la poésie en français et non pas en langue corse car il se trouve que j'exerçais à Paris en tant qu'enseignant. Je devais donc parler de la poésie, faire parler les élèves de poésie, faire comprendre aux élèves ce que pouvait être la poésie. Il se trouve aussi que j'ai eu la chance de découvrir un certain nombre de poètes lorsque j'étais enseignant.

Et ces poètes-là m'ont éveillé à ce qu'était la poésie d'aujourd'hui, non seulement la poésie française, mais aussi la poésie européenne de l'époque. Et, évidemment, je suis baigné de tout cela. Or, il se trouve que, comme j'ai fréquenté un certain nombre de poètes de la région parisienne ou de Paris, j'avais une certaine notoriété. Et, lorsque la revue *Caractères*, qui était très connue à l'époque, a organisé un colloque comme tu en organises, mon cher Norbert, j'avais été invité à y participer. À cette occasion, j'avais eu à répondre à la question : quelle place a, selon vous, le poète dans la cité? Voici la réponse que j'avais formulée :

> « L'équivoque est au niveau de l'écriture. La place de l'identique est prise. Les paroliers modernes et leur musique électronique rythment le quotidien, chantent leur contexte, illustrent la communication banale. Le poète d'aujourd'hui est autre. Il a appris à s'éloigner de la foule et progressivement, il a apprivoisé le silence. Il n'est plus la voix d'une communauté comme jadis, il est l'auteur de textes dans leur nudité première. Son langage s'érige solitaire et glacé, hors d'atteinte du grand nombre.
> Ne se référant qu'à lui-même, ce langage possède sa vie propre, devient par là même la vie propre du poète. Ne nous méprenons pas sur ce silence nouveau. Il est cause du relief extraordinaire de la parole poétique d'aujourd'hui. Il est le véritable terrain de la poésie nouvelle. En le démarquant de l'ornement qui fut longtemps son seul rôle. Il lui confère sa densité, sa force, sa qualité unique et indispensable. »

Lorsque je relis cela aujourd'hui à 82 ans, je prends quelques distances avec mon propos car je suis devenu beaucoup plus modéré dans mes ambitions poétiques, même si je suis aussi marqué par les interrogations formulées.

Alain di Meglio :

C'est confortable comme position d'intervenir après les autres et je me garderai bien de donner, moi aussi, une définition de la poésie. Je crois, sincèrement, que ce n'est pas possible dans la mesure où la poésie est nécessairement quelque chose de transgressif.

Donc, dans la mesure où c'est transgressif, dès que vous avez donné une définition bien précise, elle est déjà caduque. Voilà pourquoi je me garderai bien d'en donner une quelconque définition. En fait, je voudrais plutôt parler de la manière d'entrer en poésie, parce que c'est peut-être une manière de la définir un peu… en cachette. Il est bien clair que si elle prend conscience que l'on tente de la définir, elle va nous jouer des tours en tentant de nous prouver qu'elle ne répond pas aux critères retenus.

La poésie est un éternel dépassement : des sensations, des sentiments, des ressentis, des pressentiments. Et, sans doute, est-elle bien d'autres choses encore. Ça n'est pas la vérité, ça n'est pas l'objectivité, ça n'est pas le factuel, ça n'est pas le descriptif, ça n'est pas le réel, ça n'est pas nécessairement beau, ça n'est pas seulement l'émotion…

Vous noterez que je sais à peu près ce que ça n'est pas, mais je n'ai toujours pas dit ce que c'est. Sans doute, est-ce de l'ordre de l'indicible tant la définition, une fois posée, s'est déjà dissipée. Impossible donc de la définir dans une forme ou une formule stable. Il faut sans doute lui accorder un caractère, non pas insaisissable, mais dynamique.

Alors autant, entrer dans une qualification qui passe par l'introspection.

Je suis issu d'une famille modeste, je n'ai pas véritablement baigné dans la poésie, peut-être ma grand-mère, mes tantes, pouvaient-elles réciter quelques vers de Victor Hugo par cœur parce qu'elles étaient allées à l'école primaire de la III^e^ République et qu'elles avaient été marquées par ces textes mais c'est à peu près tout pour mon plus jeune âge.

Les premiers textes que j'ai lus par moi-même étaient issus de la bibliothèque de mon père qui était communiste. Je me souviens d'avoir aimé Prévert, son recueil *La pluie et le beau temps* n'était jamais loin. Quand j'en ai parlé un jour à François Michel Durazzo qui m'avait demandé quelles étaient mes préférences, Il m'a répondu : « On sent que tu es parolier. » Il n'a pas tort : j'écris beaucoup pour la chanson.

J'ai adoré Prévert, tout comme j'ai rêvé d'être parolier en corse. Puis, je suis entré dans l'univers de la poésie grâce à la langue corse et à mes études sur cette langue. Mes maîtres d'alors sont à côté de moi aujourd'hui et j'en tire beaucoup de fierté. Un peu paradoxalement, mes études corses m'ont permis d'aller voir ce qui s'écrivait ailleurs : chez les Sardes, chez les Portugais, chez les Italiens et les Catalans… J'ai pu, grâce à toutes ces rencontres, découvrir ce qui s'écrivait dans la poésie moderne.

Mes premiers vers, je les ai écrits pour fuir par une fenêtre. Puis par plaisir. Puis par désir de baliser, de mettre quelques jalons au voyage.

De fait, j'ai accompli un chemin. D'aucuns pourraient dire « un voyage de poète ». Je dirais, sans doute, des voyages avec des parfums, des lumières. J'ai beau chercher, je considère que je ne suis qu'un chemin égoïste. Je crois que ce que j'écris, je l'écris pour mon salut sauf à considérer qu'il y a quelque forme de générosité dans cette démarche. Il y a une blessure et tous ces cris à tâtons qui résonnent dans ma tête et qui réclament mes mots.

En fait, je ne me suis jamais demandé pourquoi écrire de la poésie, j'ai seulement cherché à comprendre ce qu'elle tentait de me dire.

Norbert Paganelli :

Vous me rassurez et vous m'effrayer en même temps. Parce qu'il est toujours un peu effrayant d'apprendre qu'on ne peut pas définir quelque chose, quelque chose que l'on aime et que l'on pratique. Mais vous me rassurez aussi parce que je suis dans le même cas de figure que vous et il est toujours rassurant de ne pas se sentir seul. J'avais, moi aussi avoué dans *Musa d'un populu*[1] :

> « Comment ne pas l'avouer ? La recherche d'une définition de la poésie m'a hanté durant des années. Pourtant, et malgré de nombreuses lectures et de multiples échanges, il ne m'a pas été possible de m'arrêter définitivement sur l'une d'elles […]
> Alors m'est venue une idée : et si la poésie ne pouvait exactement se définir ?
> Il n'est pas impossible qu'elle soit un véritable pied de nez à toute tentative raisonnable de la cerner afin de témoigner que notre soif de clarté se fracasse devant les forces occultes du processus créatif. Ceci nous renvoie à notre incapacité fondamentale à tout comprendre, tout embrasser, tout posséder. C'est aussi un appel à davantage de modestie de la part de la déesse Raison et de tous ses fidèles qui l'idolâtrent contre son gré. »

C'était la première fois que j'avouais cet échec et j'ai pensé quelque temps que c'était la nature même de la poésie qui était la cause de cette impossibilité. En réfléchissant, je me suis aperçu de la vanité qu'il y a à vouloir définir les choses… Certes les définitions sont utiles, dans un premier temps, pour débroussailler le terrain… Mais on s'aperçoit assez vite qu'elles ont cette singulière aptitude à créer des cloisons qui n'existent pas en réalité

1 *Musa d'un populu, florilège de la poésie corse contemporaine*, 2017, Le Bord de l'Eau, Lormont.

et j'en ai tiré une sorte de règle générale que j'ai transcrite dans un poème que je souhaiterai vous lire :

« *Deti nomu*
*Deti puri noma casati è sopranoma*
*Chè di sta manera*
*Sareti bè sicuri d'ùn smintică*

*Deti nomu par accuncià*
*In i canta bughjosi di a mimoria*
*Deti noma par ritruvà*
*È pudè veda ancu senza lumu*

*Ma stu nomu*
*Stu nomu sceltu*
*Cusì bellu è ben allisciatu*
*Sarà sempri una catena*
*Ch'ùn dici com'edda si chjama*

*Par imprighjunà i milli cosi di u mondu*
*Deti li puri un nomu*

*È raspeti vi d'avè incruciatu*
*A santa libartà*
*È u ghjudiziu di u sguardu zitiddinu* »

« Donnez un nom
Donnez donc des noms des prénoms et des surnoms
Afin d'être sûrs de ne pas oublier

Donnez un nom pour ranger
Dans les coins obscurs de la mémoire
Donner des noms pour retrouver
Et voir ainsi même sans lumière

Mais ce nom
Ce nom choisi
Si beau et si bien apprêté
Sera toujours une chaîne
Qui ne dit pas comment elle se nomme

Pour emprisonner les mille choses du monde
Donnez-leur donc un nom

Et lamentez-vous d'avoir crucifié
La sainte liberté
Et la clairvoyance du regard enfantin »

## Comment va la poésie ?

*Ici même, il y a à peu près un an, nous avions invité Jean-Pierre Siméon et il nous avait dit que nous étions en pleine résurrection de la poésie.*

*Pour lui, de manière certaine, le XXI^e^ siècle sera le siècle de la poésie.*

*Alors que certains nous annoncent sa mort, d'autres son agonie, d'autres, comme Jean-Pierre Siméon, nous proclament sa toute prochaine résurrection.*

*Je suis naturellement tout disposé à le croire mais... Je ne vous cache pas mon scepticisme et je voudrais connaître votre sentiment sur ce sujet.*

*Je vous donne la parole.*

Jacques Fusina :

Je souhaite juste apporter un complément d'information à ce qu'a dit Alain Di Meglio à l'instant. Il m'a cité quand il parlait d'une faille. En fait, j'ai longtemps discuté avec Henri Meschonnic qui était un poète très connu et un critique littéraire aujourd'hui disparu. Il était très dur, très sévère avec la manière dont on concevait la poésie en général. Il disait : « Écrire c'est un trauma et quelque chose autour, il faut le trauma. S'il n'y a pas de trauma, il n'y a pas d'écriture. »

C'était un personnage intéressant, même si un certain nombre de ses ouvrages que j'ai pu lire ne me satisfont pas complètement parce qu'il exagérait un peu. Il a été un peu déconsidéré et même mal vu par beaucoup de ses collègues universitaires que j'ai connus et qui enseignaient à Vincennes à l'époque.

Jacques André :

La poésie, c'est effectivement quelque chose qui date très vite mais je crois qu'il y a surtout, en elle, une vitalité qui est sans cesse renouvelée.

Cette date de péremption qui est extrêmement rapide est, à mon sens, un signe de vitalité mais, dans le même temps, un signe de vulnérabilité.

Il faut dire que la vie, par définition, est vulnérable. Au risque de faire une métaphore un peu facile avec l'agriculture biologique, je dirai qu'il y a un danger pour la poésie qui me semble évident : c'est la déforestation de la pensée, l'agriculture unique, les produits chimiques et il est clair que la poésie est totalement vulnérable à ce genre de chose. Si elle se défend elle gagnera mais il faut qu'elle puisse avoir cette énergie.

Il reste que pour elle, économiquement parlant, les années à venir seront difficiles, plus difficiles que les années que nous avons vécues et celles que nous vivons aujourd'hui.

MICHEL DUNAND :

Je ne sais pas si la poésie est morte, mais si c'est le cas, vive la poésie! Oui, la poésie c'est un peu comme le roi, elle est appelée à renaître perpétuellement de ses cendres. Si agonie il y a c'est donc pour moi un signe de vitalité. Je suis très optimiste par rapport à l'avenir de la poésie, mais veillons à la tirer vers le haut.

Alors, mon cher Norbert, nous en avons parlé, pas plus tard qu'hier, et tu me disais, avec justesse : « Oui mais qu'est-ce que le haut? » Et je t'ai répondu : « C'est parfois le bas. En tout cas, c'est le meilleur. » Voilà, je maintiens, sans élitisme aucun, je pense que la poésie mérite le meilleur, rien que le meilleur.

MARILYNE BERTONCINI :

Je souhaiterai donner mon avis sur ce point et citer un exemple. C'est vrai que la poésie c'est vivant, c'est vulnérable. C'est aussi renaissant d'une certaine façon, parce que les gens ont faim d'autre chose que le modèle littéraire formaté. Cette faim d'autre chose amène effectivement à une immense production sur les blogs, les sites, les réseaux sociaux. Il est clair que les personnes qui s'expriment ont un énorme besoin de le faire dans le registre ce qu'elles appellent « la poésie » mais il est également clair que tout cela n'est pas obligatoirement de la poésie telle qu'on la souhaiterait, sans clichés...

Ce qui me touche, ce qui me rend optimiste, ce sont les statistiques que je viens de relever encore pour la revue dont je m'occupe. On s'aperçoit que la poésie a un lectorat très jeune et très nombreux. Les algorithmes nous permettent de mesurer ainsi que *Recours au Poème* a enregistré 25 000 utilisateurs au mois d'octobre 2022. 80 % de ces utilisateurs ne se contentent pas de regarder les titres, mais lisent au moins un article entièrement et un certain nombre revient afin de relire le texte par la suite.

Et si l'on observe l'âge des lecteurs, on s'aperçoit que plus de 40 % de nos visiteurs ont entre 18 et 34 ans et plus de 30 % ont entre 18 et 24 ans. Je pense que nous avons là un signe très positif pour l'avenir et cela signifie clairement qu'il y a, au sein la jeunesse, une tendance de fond en faveur de la poésie. Les éditeurs d'ouvrages ne tiendront pas obligatoirement le même discours car ces jeunes utilisent le web pour satisfaire leur désir de poésie et ne font peut-être pas la démarche d'aller acheter des recueils – ce qui est un des problèmes à envisager pour ce qui concerne la diffusion de la poésie.

Toutefois, je soutiens que le Net offre ainsi une potentialité nouvelle qu'il convient de prendre au sérieux car la poésie y est très présente.

Alain di Meglio :

Je crois que si on annonce la mort de la poésie, on annonce du même coup la mort de l'humanité... Tout simplement et cela me semble fortement improbable. En fait, la poésie est consubstantielle de l'humain et de tout ce qui vit en général. J'ai donc envie de dire que tant qu'il y a de la vie, il y a et il y aura de la poésie.

Il reste que celle-ci n'est pas vraiment compatible avec le modèle économique dans lequel nous vivons aujourd'hui et qu'elle en souffre beaucoup.

Nous avons des chiffres relatifs aux ventes d'ouvrages, au nombre de points de vente, au nombre de manifestations mais les chiffres ne nous renseignent pas vraiment sur la santé de la poésie car il s'agit là d'un aspect véritablement qualitatif que les seules données chiffrées ne peuvent restituer.

Michel Dunand :

Je voudrais rebondir sur les propos d'Alain di Meglio qui me touchent. La poésie peut traverser une période délicate mais je suis intimement persuadé que les premiers hommes étaient des poètes et que les derniers le seront également.

Je suis certainement le plus ancien ou, tout au moins, l'un des plus anciens de l'assistance et ceux qui ont, à peu de chose près mon âge, se souviennent, très certainement, que dans nos jeunes années nous étions admiratifs de ce qui se passait en Russie à l'époque, pas celle de maintenant, bien entendu. Ces poètes russes attiraient des milliers de personnes dans des concerts poétiques.

Nous étions tous plein d'admiration pour ces poètes. Chez nous, les lectures poétiques n'attiraient pas autant de monde et on se rabattait vers les concerts de chanteurs qui eux attiraient un public conséquent.

Il faut dire que les chanteurs à texte sont des vrais poètes... Alors, pour répondre à la question sur l'avenir de la poésie, j'ai envie de dire qu'il faut tenir compte d'un possible renouveau empruntant les voies offertes par les nouvelles technologies qui sont en mesure de toucher un nouveau public et, en tout cas, un public plus jeune qui semble demandeur.

Pour être honnête, j'avoue n'avoir jamais autant vu et lu de poésies que sur internet et il y a dans tout cela des choses absolument magnifiques qui valent réellement la peine qu'on s'y arrête. Donc, je ne suis pas pessimiste du tout sur l'avenir de la poésie même si le support sur lequel elle est imprimée peut évoluer en faveur du fichier électronique et au détriment du support papier.

Tout cela me rend plutôt optimiste et plein d'espoirs quant à son avenir.

INTERVENANT :

Je suis heureux d'apprendre que vous placez les chanteurs textes au même rang que les poètes car trop souvent, me semble-t-il, ils sont oubliés dans les anthologies. Tout se passe comme si l'on considérait qu'ils formaient un genre mineur et ne pouvaient être considérés comme de vrais poètes.

Norbert Paganelli :

Une petite anecdote, cher Monsieur, lorsque je travaillais à la réalisation de l'anthologie de la poésie corse *Musa d'un populu*, s'est posé le problème d'inclure les chansons dans le corpus. Le problème qui s'est rapidement posé était celui de la volumétrie de l'ouvrage… Inclure les auteurs de chansons nous obligeait soit à réduire le nombre de pages attribué à chaque poète, soit à envisager un second tome. Nous avons choisi d'en rester à notre projet initial avec d'immenses regrets… Rien n'est simple en ce bas monde et croyez bien que je le regrette.

Intervenant (bis) :

Peut-être aurons-nous le plaisir de voir paraître un second volume consacré aux auteurs de textes de chansons…

## Comment apprendre la poésie ?

*Nous avons tous appris des poésies à l'école. Cela nous apprenait les règles de base de l'élocution et faisait entrer dans nos têtes d'enfants de célèbres poèmes. Aujourd'hui encore, les femmes et les hommes qui ont notre âge peuvent se rappeler de* La jeune Tarentine, Le dormeur du val *ou* L'automne…

*Je ne sais trop si cela se fait toujours, j'ai l'impression que non. Dès lors, je vous pose la question : faut-il, à nouveau, apprendre des poèmes à l'école comme nous l'avons fait nous-mêmes ?*

Jacques Fusina :

L'initiation à la poésie que pratiquait l'école que nous avons connue se faisait en grande partie par un travail sur la mémoire ; il fallait apprendre par cœur des poésies parfois longues et les « dire » avec tous les conseils d'élocution que pouvait donner l'enseignant.

On critique, aujourd'hui, beaucoup cette approche mais elle a permis de travailler l'expression orale et de mémoriser quantité de textes. Beaucoup de personnes se rappellent ainsi encore aujourd'hui certains vers : « Heureux qui comme Ulysse… » ou « Demain dès l'aube à l'heure ou blanchit la campagne… » Cela parait un peu suranné aujourd'hui de limiter la poésie à ces quelques poètes mais cela avait le mérite d'exister.

Aujourd'hui, on n'apprend plus ce que nous appelions « les récitations » telles que nous les pratiquions et je pense que c'est dommage car dans tout apprentissage, toute pédagogie, la mémoire a un rôle à jouer. Donc ma réponse est : oui il faut, aujourd'hui encore, apprendre des textes poétiques afin qu'ils demeurent ancrés dans les mémoires des enfants.

Michel Dunand :

Il y a un poète qui a fait énormément pour introduire ou réintroduire la poésie à l'école, c'est Paul Vincensini qui était originaire de cette île. L'appréciant beaucoup, j'ai souhaité faire un peu comme lui et, lorsque j'étais professeur des écoles, j'ai tenté de donner une large place à la poésie. Mes élèves récitaient des poèmes. Il ne s'agissait pas pour moi d'utiliser la poésie pour fortifier la mémoire mais plutôt d'aider les enfants à bien dire un texte à voix haute, comme on disait à l'époque.

Il reste qu'il y a quelques années, cela était considéré comme un peu ringard et personne n'y voyait un réel avantage. Les temps ont changé et désormais il est devenu courant d'encourager ce genre d'exercice, on a vu que *La grande librairie* organisait une vaste épreuve nationale et que beaucoup d'associations ont suivi... De ce point de vue, nous ne pouvons que nous en féliciter.

Mais, très honnêtement, il n'est pas nécessaire d'apprendre par cœur un texte poétique pour savoir bien le dire. Au contraire, le plus important c'est d'avoir approfondi le texte et d'avoir travaillé la diction.

Je me souviens que ce genre d'initiative a été pour moi l'occasion de belles surprises, par exemple, je me souviens de ces parents qui m'ont dit un jour : « Grâce à vous, nous avons connu René Guy Cadou et maintenant nous avons plaisir à le lire. »

Donc, pour ce qui me concerne : vive la poésie à l'école, vive les lectures à haute voix et même les récitations! Mais pas la récitation sous la forme d'un pensum. Je me souviens avoir vu une élève pleurer, elle n'était pas dans ma classe et tentait d'apprendre un texte de Théophile Gautier qui était très compliqué, avec des mots très recherchés. Elle n'y parvenait pas et pleurait. Je suis allée voir son institutrice et lui ai dit : « Attention, pour vous dégoûter de la poésie, il n'y a rien de mieux! »

Marilyne Bertoncini :

Il me semble que l'entraînement de la mémoire ne doit pas être uniquement confié à la poésie, c'est une question plus générale liée à la culture. Durant des siècles, des millénaires même, et encore aujourd'hui en quelques endroits du monde, cette dernière s'est transmise oralement et les deux notions sont, d'une certaine façon, indissociables.

La poésie est support et vecteur de mémoire.

Oui, il importe d'apprendre des poèmes : rappelons-nous que, tout près de nous, dans les camps de concentration, les gens ont survécu parce qu'ils avaient mémorisé des textes ou des chansons. Je pense aussi à *Fahrenheit 451,* lorsque les hommes n'ont d'autres recours, afin de sauver la littérature que d'apprendre par cœur les textes afin de pouvoir les transmettre, songeons à tout ce qui nous est parvenu grâce à l'effort de transmission par la seule mémoire!

Je me dis que, quelque part, la mémoire c'est plus important que le papier. Mais, encore une fois, il ne faut pas que la poésie soit la seule pratique à remplir cette fonction d'entraînement de la mémoire, celle-ci doit être assumée par un ensemble de disciplines car, dans le cas contraire, elle deviendrait l'une fonction essentielle de la poésie ce qui serait fortement dommageable, la poésie dépasse largement la technique de mémorisation.

Alain di Meglio :

Je suis, moi aussi, comme beaucoup dans cette salle, un ancien maître d'école et je crois que la mémorisation a été un peu stigmatisée par les nouvelles théories pédagogiques. Il me semble qu'aujourd'hui, il serait bon d'y revenir parce qu'il y a quelques dangers à tomber dans l'excès inverse qui consiste à ne lui accorder aucune place dans le processus d'apprentissage.

D'ailleurs, je suis un peu affolé lorsque je vois les enfants d'aujourd'hui avoir systématiquement recours à ces Big Brothers que sont les smartphones et autres tablettes. Vous avez raison de dire qu'il faut réhabiliter la fonction de la mémoire qui est une sorte de muscle et qui, à ce titre, a besoin d'être travaillé. Il est nécessaire de réhabiliter, au sein de l'enseignement, dans la pédagogie en général, au-delà même de l'enseignement de la poésie, la culture de l'oralité qui implique une réhabilitation de la mémoire.

Jacques Fusina a pu le dire, dans une ses nouvelles, que nous sommes, nous autres poètes corses un peu handicapés par le fait que notre poésie était traditionnellement orale et qu'elle doive aujourd'hui se diriger vers l'écrit...

Toutefois, cette culture de l'oral peut s'ouvrir à des formes de modernité. Tout en cultivant notre emblématique *Chjama è rispondi*, nous pouvons valoriser et adopter le rap, le slam, tout ce qui est de l'ordre de la poésie orale, oralisée ou dialoguée et, très honnêtement, je pense qu'il y a là un sillon pédagogique à creuser pour que la mémoire soit réhabilitée. Et, bien entendu, la récitation peut faire partie de cette démarche.

Ensuite, bien sûr, se pose la question du corpus. Parce que faire réciter, c'est choisir. J'imagine que peu d'entre nous ici ont échappé, avec tout le respect qu'on leur doit, au *Dormeur du Val* ou de Rimbaud, ou à *l'Albatros* de Baudelaire. On pourrait dire que la question du corpus, c'est la liberté de l'enseignant et je pense notamment au patrimoine poétique de la langue corse.

Certaines sélections peuvent créer des patrimoines immatériels dominants et des patrimoines occultés et cela peut questionner, dans la problématique générale de l'adaptation des programmes à d'autres réalités que celles dictées par les académismes ou autres injonctions centrales. Peut-être que cette culture de l'oralité, bien au-delà de la déclamation, de la récitation, doit pouvoir se retrouver en effaçant cette stigmatisation de la mémorisation qui a été le fruit de quelques théoriciens qui y voyaient une sorte de pédagogie fondée sur le comportement, sur le réflexe.

La situation est aujourd'hui mûre pour que l'on envisage les choses d'une autre manière.

Intervenant :

Je suis moi-même enseignant et accorde une place importante à la poésie au sein de mes classes. Je tiens à expliquer la manière de « bien dire » un texte poétique mais je n'exige pas que le texte soit appris par cœur. Il me semble qu'un texte bien lu est déjà une bonne approche de la poésie. Il reste que certains enfants, ceux qui n'éprouvent aucune difficulté à mémoriser, retiennent assez facilement les poèmes et ce sont ceux-là qui ont le plus de facilité à réciter le texte car ils sont libérés du souci de la mémorisation et peuvent se consacrer entièrement à la diction.

Intervenant :

Enfant, c'était pour moi une véritable galère d'avoir à retenir par cœur les poèmes, j'avoue que cela m'a éloigné un temps de la poésie. Je l'ai vraiment découverte lorsque je n'avais plus à les retenir et, du coup, je retiens plus facilement aujourd'hui ceux que j'aime...

Intervenant :

C'est vrai que lorsqu'on a à dire un texte en public, l'idéal est de le savoir par cœur comme un véritable acteur, cela libère la parole et la gestuelle et permet de regarder le public mais une bonne lecture, faite dans les règles de l'art ce n'est pas mal du tout. J'ai eu l'occasion d'entendre des textes, poétiques ou autres, lus à la radio par des acteurs, le résultat est tout à fait remarquable...

## Les obstacles à la diffusion de la poésie

*Nous allons tenter, maintenant, d'explorer une autre piste. Lorsqu'on interroge les libraires, lorsqu'on interroge les journalistes, ils nous disent que le public n'est pas au rendez-vous. C'est pour ça qu'on ne découvre pas beaucoup de livres de poésie dans la presse ou dans les librairies. On en expose un peu au moment du Printemps des poètes, on peut aussi y dénicher les grands classiques et c'est à peu près tout.*

*Quels sont pour vous les principaux obstacles à la diffusion de la poésie ? La parole est à notre ami Jacques André qui est éditeur…*

Jacques André :

Oui, je suis au front, en première ligne… Une anecdote un peu sordide : un de mes amis a une sœur qui travaillait comme libraire chez Decitre dans une des nombreuses librairies du même nom et elle avait la responsabilité de deux ou trois tables. Elle se dit un jour : « Tiens, aujourd'hui je vais faire une table dédiée à la poésie », donc elle sort un certain nombre de livres de poésie et les met sur une des tables. Le chef de rayon arrive, regarde et lui dit : « Tu m'enlèves tout ça. »

Voilà, nous avons là une première approche de la question, un peu brute, mais une première approche tout de même.

Il se trouve que dans la ville où je réside actuellement, je connais une libraire qui, un jour, me dit : « Je vais faire un rayon entièrement consacré poésie, il sera là, bien placé, au milieu du passage des clients. »

Donc, il est clair que le libraire est un prescripteur et a donc un rôle moteur. Il a une responsabilité certaine dans la promotion de la poésie. L'éditeur a lui aussi une responsabilité qui est d'avoir de bons textes. Il faut qu'il se débrouille pour que les textes qu'il propose soient de qualité.

NORBERT PAGANELLI :

« Il faut que l'éditeur se débrouille » dis-tu, que peut-il faire exactement lorsqu'on sait que les étals des libraires sont surchargés de best-sellers édités par les grandes maisons ?

JACQUES ANDRÉ :

Il faut que l'éditeur mette les libraires au pied du mur, avec tact, gentiment mais avec une grande force de conviction. J'insiste sur cette notion de tact et de gentillesse car si vous braquez le libraire, c'est fichu.

J'ai, à ce propos une anecdote qui s'est déroulée dans une librairie lilloise. Un monsieur arrive et dit :

« Mais comment ça se fait? Pourquoi n'y a-t-il pas mes livres dans vos rayons?

— Vous êtes qui Monsieur? interroge le libraire.

— Je suis Hubert Nyssen, monsieur.

— Bien, puisque c'est ainsi monsieur, il n'y aura jamais de livre d'Actes Sud dans ma librairie. »

Et, de fait, Il n'y eut pas de livre d'Actes Sud dans cette librairie jusqu'au changement de propriétaire. Donc il ne faut pas être agressif, il faut y aller avec tact, il faut vendre ses livres sans s'imposer. C'est là un travail de représentant, un travail commercial qui demande du doigté tout en faisant prendre conscience au libraire de la place qu'il occupe dans la chaîne du livre.

Il faut procéder de la même manière avec le journaliste mais là, je désespère un peu, je vous l'avoue…

Alain di Meglio :

La plupart des éditeurs de poésie sont des éditeurs militants, de vrais éditeurs ai-je envie de dire, et ils savent certainement mieux que les auteurs eux-mêmes ce qu'il convient de faire ou de ne pas faire dans les rapports avec les libraires.

D'une manière plus générale, il me semble que mieux faire connaître la poésie c'est aussi utiliser une pédagogie plus active dans le milieu scolaire, par exemple en développant les ateliers de création, d'initiation à la poésie auprès des plus jeunes. En assurant une meilleure initiation à l'écriture poétique on la rend plus accessible on la débarrasse des stéréotypes qui lui collent à la peau et on la popularise, on agit donc sur la demande de poésie et on peut estimer que, de cette manière, l'offre en librairie suivra.

Marilyne Bertoncini :

En marge de la revue *Recours au poème* pendant l'épisode de Covid, j'ai créé un site qui s'appelle *Jeudis des mots*. Il permettait de compenser l'absence des rencontres réelles par des propositions d'ateliers d'écriture. Après la pandémie, le site a continué de solliciter des écrits, de créer une communication, une « communion », grâce la poésie. Je pense que nous avons réussi notre pari.

En effet, les textes reçus affluent, et nous en sommes à la quatrième anthologie, Il me semble que c'est important comme lieu d'échange, de compagnonnage et de formation. Nous avons un certain nombre de débutants, qui ont découvert la poésie depuis peu et qui participent par ailleurs à des ateliers d'écriture auprès de poètes comme Marilyse Leroux. Ces personnes côtoient des poètes qui pratiquent leur art depuis plus longtemps ou qui sont déjà des poètes connus et confirmés.

C'est un peu ce qu'a fait Norbert Paganelli dans le cadre du concours organisé par A Casa di a Puisia lors du dernier Printemps des poètes. On retrouve dans l'ouvrage *l'Éphémère*[1], des débutants et des personnes confirmées.

Je crois que ce genre de pratique permet d'avancer, d'agir sur le cœur même du problème de la notoriété de la poésie. Dans ce cas précis, le livre imprimé se diffuse mais il reste le problème de la mise en rayon dans les librairies. Cela demande une logistique et un suivi particulier. Nous avons la chance à Nice d'avoir un libraire qui expose nos livres et d'une manière plus générale les livres de poésie mais c'est vrai qu'ils ne sont pas si nombreux.

Si la plupart des libraires ont bien des ouvrages de poésie, ils sont dans des rayons souvent très mal placés. Je me souviens de ce libraire qui m'a dit un jour, fier de lui : « Nous avons toute la collection Poésie de chez Gallimard. » En effet, la collection était sur un rayon du haut et il fallait réellement prendre une échelle pour y parvenir. Dans d'autres cas de figure, il faut se mettre à quatre pattes car le rayon dédié à la poésie contemporaine publiée par de petites maisons d'édition est sous les tables d'exposition des best-sellers.

INTERVENANT :

Je crois que nous sommes dans un cercle vicieux… Lorsqu'on demande à un libraire pourquoi il ne propose pas de livres de poésie, il vous répond : « Parce que cela

1 A Casa di a Puisia, *L'éphémère 22, Printemps des poètes, choix de textes*, Le Bord de l'Eau/Spondi, Lormont/Propriano.

ne se vend pas. » Or si les livres de poésies ne se vendent pas c'est peut-être aussi parce qu'ils ne sont pas présents sur les étals des libraires. C'est un peu le même raisonnement chez les journalistes qui disent ne pas en parler parce que le public n'existe pas or ce public n'a aucune chance d'exister si les médias n'en parlent pas car bien souvent ce sont les médias qui font l'opinion...

Norbert Paganelli :

Oui, c'est un peu l'histoire de la poule et de l'œuf... On ne saura jamais où se situe exactement la cause première... J'avais rencontré un jour un éditeur de poésie, je crois me souvenir qu'il s'agissait de Jacques Bremond et il me disait que ses ventes se faisaient sur les foires et les marchés du livre, il avait pris la décision de court-circuiter complètement les libraires qui pour lui, « ne jouaient pas le jeu ». Un autre éditeur qui faisait plutôt dans le livre d'artiste, pratiquait de la même manière : il avait son propre réseau de fidèles et allait dans les foires aux livres vendre ses ouvrages qui étaient pourtant d'un prix élevé car entièrement faits main et à tirage très limité.

J'en profite pour vous poser à tous une question : que pensez-vous de cette idée qui m'a été suggérée par une personne, non présente ce jour, et qui consisterait à imaginer un dispositif financier incitant les libraires à avoir systématiquement un espace consacré à la poésie ? Est-ce envisageable ?

Jacques André :

Je n'y crois pas car les libraires ont pour habitude de faire comme bon leur semble. Il faut connaître les libraires personnellement, leur faire découvrir les auteurs et dans ce cas un poète devient une personne unique et irremplaçable. On ne peut en aucun cas obliger un libraire à accepter un ouvrage dans sa boutique comme on ne peut obliger un poète à écrire un recueil de poèmes. On peut imaginer des décrets, des lois, une révision de la constitution, tout ce que voulez, le résultat ne sera pas à la hauteur des espérances. Un libraire ça se séduit et s'il est séduit tout est alors possible !

Comme l'éditeur ne peut à lui seul tout faire, il est nécessaire que l'auteur aille « vendre » son ouvrage aux libraires qu'il connaît, il faut aller au contact et ne pas rester dans sa tour d'ivoire en se disant : « J'ai fait mon travail de poète, l'éditeur doit faire le reste. »

Marilyne Bertoncini :

Il est exact que la présence de la poésie au sein des librairies est un problème qui ne peut être résolu simplement par une mesure financière en direction des libraires – il faudrait créer du désir en amont, et une demande passant par l'école par exemple l'abonnement à la petite revue Cairns, de Patrick Joquel, qui s'adresse en priorité aux écoles, est refusée par les gestionnaires d'établissement parce que les poètes contemporains ne sont pas « au programme ».

Par contre, l'un des obstacles à la diffusion du livre en général pourrait être résolu très simplement par une intervention étatique.

En effet, les frais d'envoi sont, en France, particulièrement élevés. Il faut compter environ un euro pour l'envoi d'un livre vers des pays étrangers (diffusion de la langue dans le cadre de la francophonie) et ce tarif est pratiquement 4 fois plus élevé lorsque le destinataire est en France. Il n'y a donc pas de tarif préférentiel comme peut l'avoir la presse par exemple, et c'est une surcharge énorme pour les éditeurs.

Michel Dunand :

Rien ne nous dit que si le livre de poésie était davantage présent en librairie, il se vendrait mieux ; c'est possible mais j'ai quelques doutes.

Certains grands noms de la chanson ont beaucoup fait pour la poésie. Saluons-les de nouveau.

Lorsque Brassens, Ferré, Ferrat ont mis en musique des textes de poètes, ceux-ci ont acquis une nouvelle dimension, ils sont aujourd'hui mieux connus du grand public et leurs ouvrages se vendent mieux.

Même chose lorsque des acteurs ou des actrices lisent les textes des poètes contemporains : lorsque Fabrice Luchini, Jean-Louis Trintignant, Michael Lonsdale ou Isabelle Carré lisent les poètes, ces derniers acquièrent soudain une plus grande notoriété. Par ailleurs, les poètes eux-mêmes organisent des récitals, en live ou sur le Net et dans ce cas les ventes peuvent progresser.

Intervenant :

Il y a une réalité toute simple : si le livre de poésie n'est pas présent sur le lieu de vente, il n'a aucune chance d'être acheté car, pour l'instant, à ce que j'ai compris, les achats de livres sur internet ont tendance à stagner, contrairement à ce qu'on nous annonçait. Il est certain que les auteurs qui sont mis en musique ou dont les textes sont dits par des acteurs ont une plus grande notoriété mais la présence des ouvrages sur les lieux de vente est un atout déterminant, il ne garantit pas la vente mais il en est la condition nécessaire. Personnellement j'achète souvent des livres de poésie dans les salons et les rencontres en médiathèque car c'est pratiquement le seul endroit où je peux trouver ce genre de livres.

Autre intervenant :

Je constate que les ouvrages de poésie sont présents au sein des librairies au moment du Printemps des poètes et souvent, il s'agit des ouvrages en rapport avec la thématique annuelle du *Printemps.* Je ne sais pas si cela a un impact sur les ventes, ce serait très intéressant de la savoir…

Norbert Paganelli :

Quelqu'un parmi vous a-t-il une réponse à cette interrogation ? Quelqu'un veut-il ajouter quelque chose ?

## Le salut de la poésie est-il en dehors de la page ?

*On voit se développer de nouvelles approches : poésie visuelle, la poésie sonore, les performances... Ces initiatives qui tentent de faire vivre la poésie en dehors du livre, de la page imprimée, ne serait-ce pas une opportunité à saisir pour la poésie ?*

Marilyne Bertoncini :

Je crois que c'est le terme « poésie » qui fait peur, qui est décrié. Lorsqu'on organise une soirée consacrée à la poésie, il y a généralement peu de monde, lorsqu'on organise une soirée slam, Il y a des poètes et des slameurs et tout le monde est sur la scène.

En fait, le slam, tout compte fait, a été créé pour cela, pour permettre aux gens de s'exprimer et mettre ainsi la poésie à la portée de tous. Pour une soirée slam, les gens se déplacent parce qu'ils n'ont pas obligatoirement conscience qu'il s'agit bien de poésie... Lorsqu'un auteur propose à la vente un recueil en disant que c'est de la poésie, il n'y a que très peu d'acheteurs. Un auteur qui propose un recueil en disant c'est du slam, en vend des dizaines et des dizaines.

Je pense donc que le terme « poésie », a un gros problème de perception dans le public qui y associe quelque chose de rébarbatif et de ringard. Le terme est connoté, connoté par l'école, par l'université. Quand j'enseignais, je participais déjà au Printemps des poètes et j'avais des collègues qui me disaient : « Mais la poésie c'est une toute petite partie du programme et il n'est pas très utile de perdre trop de temps avec cela... »

Je suis aujourd'hui convaincue, encore une fois, que le mot « poésie » fait peur et qu'il est connoté très négativement, c'est pour cela qu'il ne faut pas hésiter à investir de nouvelles pratiques qui sont bien de la poésie tout en étant dénommées autrement. Il faut élargir le champ des possibles afin de sortir la poésie d'une vision surannée.

NORBERT PAGANELLI :

Je vois qu'il y a une question dans la salle, une personne qui s'investit beaucoup dans les lectures spectacles de poésie et dans le slam... Tu as la parole Henry.

Henry Dayssol :

Je suis en total accord avec ce que vient de dire Marilyne Bertoncini, oui la poésie fait peur, oui le mot « poésie » semble indisposer le public qui éprouve, à son égard, un sentiment d'ennui. Par contre dès qu'elle est mise en scène avec un minimum d'accompagnement cela change tout et le public en est très demandeurs car il redécouvre le plaisir des mots et le sens de l'émotion et du partage. J'interviens souvent dans des spectacles de slam et je confirme ce que disait Marilyne Bertoncini : il existe bien un public et il convient que les poètes réfléchissent bien à cette attente.

En dehors du slam, nous avons aujourd'hui bien des moyens pour mettre en valeur un texte poétique, je pense à ces diaporamas que je découvre sur le Net et qui sont, pour certains de belles réussites car ils allient merveilleusement le texte, l'image et la musique. Il faut absolument se convaincre que la page imprimée n'est pas obligatoirement le meilleur support pour faire aimer la poésie et qu'il faut absolument bousculer les codes afin de s'adapter au monde d'aujourd'hui. Lorsque j'entends certains poètes dire qu'il faut bouder la télévision parce que c'est trop grand public, je suis sidéré !

Moi je regrette vraiment que la télévision, et plus généralement les médias, ne nous ouvrent pas plus leurs portes, il faut absolument se battre pour qu'il en soit ainsi afin d'aller vers les autres avec les moyens qui sont aujourd'hui à notre portée.

MICHEL DUNAND :

Le fait que la poésie est peu présente au sein des grands médias est incontestable et il est bien certain que c'est très dommageable pour les poètes et la poésie. Il arrive que des poètes français ou étrangers soient mis à l'honneur dans certaines émissions de radio ou de télévision (à l'occasion du Printemps des poètes, notamment) mais il est manifeste que ce n'est pas suffisant.

NORBERT PAGANELLI :

Je vois que Cathy Campana qui anime les *scontri* en langue corse dans cette même ville demande la parole depuis un moment, c'est à toi Cathy.

CATHY CAMPANA :

Je voulais vous dire juste une petite chose : vous faites un colloque ici, dans une salle de la bibliothèque patrimoniale et il faut que vous sachiez que beaucoup de personnes hésitent à venir dans une bibliothèque qui est considérée un peu comme un temple du savoir. Ceux qui n'ont pas pour habitude de fréquenter ce genre d'endroit hésitent à s'y rendre pour un évènement comme celui que vous avez organisé.

Nous, nous faisons nos petites rencontres dans un café et les gens viennent beaucoup plus facilement que dans une bibliothèque. Il faut bien être conscient que le mot « bibliothèque », renvoie à quelque chose d'intellectuel, de prestigieux et si vous estimez que le mot poésie est en lui-même peu attractif, en choisissant d'organiser une rencontre comme celle-ci, en ce lieu vous multipliez les obstacles.

Je pense que vous devriez organiser ce genre d'évènement dans un lieu plus accessible, plus convivial qui casse un peu cette réputation de pratique intellectuelle qui colle trop souvent à la poésie. Il faut aller là où le public se trouve et éviter d'attendre que le public vienne à vous car cela est plus difficile.

Jacques André :

La problématique est de faire ce lien entre le créateur de poésie et le lecteur potentiel qui n'est pas, d'emblée, attiré par la poésie, qui est plutôt farouche à son égard. J'ai un souvenir qui me revient en mémoire. Lorsque je dirigeais une imprimerie, il y avait un coursier qui passait à vélomoteur régulièrement, on était devenu assez amis et un jour il me dit : « J'ai écrit des petits poèmes, est-ce que tu m'en ferais un livre ? »

J'ai imprimé ses petits poèmes qui étaient très sympathiques, nous avons intitulé l'ouvrage *Les poèmes du coursier* et je le retrouvais tous les dimanches matin. Il était sur le marché de la création, sur les bords de Saône, où les particuliers exposaient leurs créations (des tableaux, des vases, des poteries). Et lui, il avait des recueils disponibles et, quand passait un enfant, il lui disait : « Tu veux que je te lise un poème ? » Si le gamin répondait oui, il lisait le poème, c'était charmant et il vendait ainsi ses ouvrages aux parents qui étaient touchés. Donc voilà, je suis bien d'accord sur le fait qu'il est nécessaire d'aller à la rencontre du public et non attendre qu'il vienne à nous. Il faut avoir cette volonté, cette disponibilité et, disons-le, cette humilité.

ALAIN DI MEGLIO :

Je voulais revenir un peu sur les racines populaires de la poésie et dire qu'elle est avant tout un style, même si nous nous sommes bien gardés, tous, d'en donner une définition. C'est un style et c'est aussi de la jubilation, du plaisir, c'est profondément ludique.

Il y a, tous les quatre ans, au Pays basque, depuis 1936, une grande manifestation sous la forme de joutes oratoires qui attire énormément de monde. À titre d'information, la manifestation se déroule en décembre et on peut dénombrer de 10 à 15 000 spectateurs, ce qui est à peine croyable. Les gens réservent longtemps à l'avance pour être certains d'avoir une place.

Il faut bien comprendre que ces joutes sont une forme particulière de poésie qui peut s'apparenter au slam. Dans le même esprit, il y a en Corse des poètes qui pratiquent des performances, il y en a peu mais c'est un début. Mettre la poésie en spectacle ne doit pas être considéré comme une question taboue, bien au contraire... Il faut absolument reconsidérer la manière classique de percevoir la poésie. C'est peut-être ce décalage entre la conception traditionnelle de concevoir la poésie et l'aspiration du public qui est source de bien des difficultés d'audience.

NORBERT PAGANELLI :

Je crois qu'il y a une sorte de consensus sur la question de savoir s'il convient de faire en sorte que la poésie puisse sortir du cadre un peu rigide, un peu statique de la page imprimée. Tout le monde semble d'accord sur cette nécessité qui répond à l'attente du public et ne change pas fondamentalement l'esprit même de la poésie, bien au contraire...

Alain di Meglio, se souvient certainement d'un petit recueil[1] écrit à plusieurs mains qui tentait, à sa manière, de sortir du cadre traditionnel du livre de poésie.

Il s'agissait de photographies en noir et blanc de Porto-Vecchio accompagnées d'un petit poème en version corse et française.

Ce qui est intéressant de noter c'est que les textes ont été rédigés en tenant compte de la photographie, il ne s'agit en aucune manière de poèmes agrémentant des clichés ou de clichés agrémentant des poèmes mais d'une tentative d'osmose entre photographie et texte poétique.

1 A. di Meglio, C. Ferrara et N. Paganelli, 2016, *Parolli in biancu è neru/ Paroles en noir et blanc*, Le Bord de l'Eau/Spondi, Lormont/Propriano.

Voici l'un de ces textes signé Alain di Meglio :

« *U tempu ch'idda si ponga a boccia*
*vedala andà*
*eppo' piantà*

*Una vita*
*longa quant'è una gitana senza filtru*

Juste le temps de voir la boule tomber
la voir rouler
s'arrêter

Une vie
longue comme une gitane sans filtre »

*(la photographie n'a pas été présentée au public)*

Lorsque je dis qu'il s'agit d'une tentative d'osmose c'est que, très probablement, le texte est incompréhensible sans la photographie et la photographie sans le texte n'a pas cette dimension que lui donne le poème. Par exemple, vous qui ne voyez pas la photo, sachez qu'elle représente des joueurs de pétanque avec au centre un joueur, cigarette aux lèvres, qui vient juste de lancer la boule, laquelle occupe le centre de l'image.

Jacques André :

C'est curieux parce que moi je m'étais bien représenté cette image telle que tu nous la décris. Une intuition sans doute ou alors le don de double vue… Je ne sais pas…

Norbert Paganelli :

Monsieur Jacques André : vous êtes un voyant, je m'en doutais un peu mais j'en ai maintenant la certitude… Je pense que tu dois être l'un des seuls à avoir pu imaginer la scène…

Alain di Meglio :

Oui bien sûr je me souviens fort bien de ce petit ouvrage qui avait d'ailleurs donné lieu à un diaporama présenté au public à Porto-Vecchio et à Propriano.

Pour moi chaque photographie est un poème car elle fixe une scène à la fois unique et particulièrement représentative de la vie d'une cité à une époque qui s'estompe un peu, chaque texte est également un poème par cette union profonde entre le particulier et l'universel. Le mariage des deux donne naissance à une sorte de super-poème qui se lit, s'entend et se voit. Je conserve un excellent souvenir de ces présentations en public.

Michel Dunand :

À propos des livres de poésie, je voudrais ajouter ceci : c'est vrai qu'un lecteur, un acheteur peut se dire : « Cela coûte cher la poésie. Il y a très peu de mots sur chaque page et, au final, cela fait un peu cher le mot. » Si on le compare avec le roman, le livre de poésie semble évidemment plus coûteux.

Mais ce qu'il faut bien comprendre, c'est que la poésie, je le redis, ça se passe aussi entre les mots, et qu'un poème, même très court, peut être le compagnon de toute une vie. Je pense à cette carmélite qui avait écrit à Guillevic, poète communiste : « Maintenant que je vous ai lus, je peux mourir. »

Donc, il n'y a aucun sacrilège à faire sortir le poème de la page imprimée car l'essentiel du poème n'est peut-être pas imprimé sur la page étant donné qu'il y est déjà sorti…

## Le rôle des revues

*J'aimerais maintenant que nous abordions le rôle des revues. Je veux parler des revues papier car nous avons déjà évoqué les revues en ligne. Jean Michel Place avait édité un livre il y a quelques années. Il en avait répertorié plus d'une centaine et je pense qu'il y en a encore plus aujourd'hui. Ces revues ont-elles, selon vous, une fonction importante dans la diffusion de la poésie ?*

Marilyne Bertoncini :

Je dirais oui assurément, elles jouent un rôle fondamental. Et si elles sont si nombreuses, c'est parce qu'elles permettent à des expressions très différentes de la poésie de se manifester.

Avant de venir vous voir, j'avais utilisé comme marque-page, par exemple, une petite revue marseillaise de Laura Vazquez qui s'appelle *Muscle*. C'est une petite feuille qui se déplie en quatre volets et qui présente régulièrement un auteur qu'il soit français ou étranger avec une belle mise en valeur des traductions. C'est une minuscule revue qui durera ce qu'elle durera mais elle existe et c'est une niche qui a bien un véritable public. D'ailleurs, plus qu'une niche, je dirais que les revues sont des nids, dans lesquels les poètes trouvent un accueil bienveillant selon l'orientation de la publication.

D'une manière plus générale c'est bien au sein des revues de poésie que les auteurs se font connaître car les revues littéraires généralistes ne s'intéressent pas vraiment à la poésie, nous retrouvons là ce qui a été dit à propos des médias en général.

Alors : y a-t-il trop de revues ? Je pense que non, ce nombre est plutôt un signe de vitalité. Je vous ai cité cette petite revue mais je pense aussi à celle que fabrique, depuis 2003, Cathy Garcia Canalès : *Nouveaux Délits*. Elle y fait tout, absolument tout toute seule et accueille quantité de nouvelles voix de grande qualité.

Ces revues permettent à des gens d'aborder, d'accéder à la poésie, de communiquer à travers ces petits supports qui ont une diffusion modeste, bien souvent par abonnement et qui ont bien du mal à survivre. C'est d'ailleurs pour cela qu'elles ont des vies éphémères et c'est bien dommage.

Michel Dunand :

J'anime une revue depuis bientôt 40 ans : *Coup de soleil* et j'ai eu le plaisir de publier certains poètes qui sont maintenant très connus. Je ne veux pas dire que c'est ma revue qui a joué un rôle de premier plan dans leur notoriété mais, j'aime me dire qu'elle y a peut-être contribué.

Cela fait plaisir en tout cas.

Ceci étant dit, le tirage, qui était plus important il y a quelques années, a été aujourd'hui réduit, numéros spéciaux mis à part, à une centaine d'exemplaires avec 3 numéros par an et une vente par abonnement uniquement. Ces abonnements sont souscrits principalement par des poètes, bien entendu, ou par des personnes qui ont découvert la revue à la *Maison de la Poésie d'Annecy* et cela pose, effectivement, un problème de rayonnement.

NORBERT PAGANELLI :

Il y a une critique, un peu méchante, que j'ai entendue il n'y a pas si longtemps et je souhaiterais vous la livrer, quitte à mettre un peu d'huile sur le feu. Cette critique affirme que la plupart des revues, ce sont des petits cénacles qui cultivent l'entre-soi et peinent à s'ouvrir aux autres, ce sont les revues des copains et des copains des copains… Qu'en pensez-vous ? Je vous avais dit que c'était un peu méchant…

MICHEL DUNAND :

Qu'il y ait un pilote dans l'avion est nécessaire, qu'il s'agisse d'un chef ou d'un chefaillon, je ne pense pas que ce soit la règle. Personnellement je publie les amis de la poésie et non les amis et les amis des amis car cela n'aurait aucun sens. *Coup de soleil* est une petite revue mais une revue de grande poésie… j'espère.

Certaines critiques négatives peuvent venir des personnes que l'on n'a pas accepté de publier, dans ce cas il est toujours commode de dire que les revues sont des cénacles hermétiques dirigés par des gourous… Il reste que beaucoup de poètes ont commencé par être publiés en revues et que certains n'ont été publiés qu'en revue et ceux-là ne s'en plaignent pas.

Marilyne Bertoncini :

Je dirais que ces revues sont des pépinières, des serres… ce ne sont pas des cénacles. Mais évidemment, les gens qui lisent une revue s'y retrouvent et envoient des textes à cette revue-là plutôt qu'à une autre et ceux qui n'ont pas été publiés y trouvent à redire…

Oui, effectivement, dans le cadre de *Recours au Poème*, et de *jeudidesmots.com*, nous éditons également de petites anthologies un peu comme le fait la *Maison de la poésie de la Corse* et nous organisons des lectures-performances avec les poètes participants mais je pense qu'il faudrait l'avis d'un libraire ou d'un éditeur pour connaître l'impact de ces initiatives avec davantage de précision…

Intervenante :

Les revues, on ne les trouve pas en librairie non plus, j'ai fait le tour des librairies en Corse et je n'ai trouvé que très peu de revues même si depuis quelques temps on en voit un peu plus mais il s'agit de revues généralistes où la poésie est très peu présente comme elle est peu présente dans les manifestations, les salons et les rencontres. Je dois reconnaître que la *Maison de la Poésie de la Corse* a changé un peu la donne depuis qu'elle existe car on parle un peu plus de poésie en Corse.

Norbert Paganelli :

Merci à vous, si nous avons fondé *la Maison de la Poésie de la Corse* c'est aussi parce que nous faisions le même constat : les manifestations généralistes ne laissent qu'une place réduite à la poésie et aux poèmes... Une anecdote qui en dit long : on m'avait sollicité pour que *la Maison de la Poésie* intervienne lors d'un festival. En échangeant avec les organisateurs, j'ai découvert qu'il s'agissait de lire un texte juste avant la présentation d'une œuvre romanesque, pour l'illustrer en quelque sorte... Une sorte d'amuse-gueule avant le plat de résistance. J'ai refusé... Si on réduit la poésie et les poètes à cela ce n'est pas la peine de s'investir dans ce genre de manifestations.

Jacques André :

Personnellement, je défendrai toujours les revues de poésie. Je les défendrai car je m'en sers, je les utilise comme une sorte de filtre. En effet, je n'ai pas l'habitude de publier des poètes qui n'ont jamais été publiés en revue auparavant.

Il me semble que la publication en revue rode les auteurs, les plus jeunes notamment et ils prennent ainsi la mesure de leur lectorat. Lorsqu'ils ont été publiés dans plusieurs revues, ils ont déjà été, en quelque sorte, validés par plusieurs comités de lecture et cela peut donner une certaine assurance.

En tout cas, personnellement j'en tiens compte, cela me permet d'être plus sûr de mon choix parce que, bien entendu, on peut toujours se tromper. Un éditeur, c'est quelqu'un qui se trompe par définition.

Jacques Fusina :

Les revues de poésie contribuent largement à la diffusion de la poésie et permettent à de jeunes auteurs de se faire connaître, leur utilité est évidente. Certaines revues éditent des numéros thématiques qui sont de véritables anthologies et c'est très bien ainsi. D'ailleurs ce que l'on peut dire des revues peut également s'appliquer aux anthologies et autres florilèges qui sont parfois vendus en plus grand nombre que les plaquettes elles-mêmes, probablement parce qu'elles proposent un choix de textes et sont de véritables sommes.

Jacques André :

Tout à fait d'accord avec vous : vivent les revues, vivent les anthologies générales et surtout, surtout, vivent les anthologies thématiques, cela assure une excellente visibilité à la poésie.

Michel Dunand :

Parfois, en lisant telle ou telle anthologie, telle ou telle revue, on peut se poser la question : que va-t-il rester de tout cela ? Malgré tout, le plaisir est souvent au rendez-vous. La surprise aussi. Qui dit anthologie, dit choix. Donc vive les revues, les anthologies et les poèmes mis en musique !

À ce propos, Brassens avait découvert un jour, chez un bouquiniste, le texte *Les passantes* d'un poète très peu connu (Antoine Pol). Aujourd'hui, beaucoup connaissent ce texte parce qu'il l'a mis en musique. Du coup, ce poète a acquis une certaine notoriété. Antoine Pol est sorti de l'anonymat.

Norbert Paganelli :

J'observe que le propos s'est déplacé des revues aux anthologies, il est vrai, comme vous l'avez fait remarquer, que certaines revues publient des numéros spéciaux qui fonctionnent comme des anthologies thématiques… Ce qui est certain c'est que ces regroupements de poètes au sein d'ouvrages thématiques connaissent un réel succès. Les éditions *Le Bord de l'Eau* ont publié une anthologie de la poésie corse et une anthologie poétique des langues de

France[1] qui ont, toutes deux, été appréciées. Maintenant, qu'en reste-t-il ? Quel est l'impact réel sur la vie poétique elle-même ? Je ne saurais le dire avec exactitude.

Je vois que dans la salle que Cathy demande à nouveau la parole…

CATHY CAMPARA :

Tous les dimanches matin, je vais aux puces et je vois des livres, des livres qui sont bradés et j'en ai pitié pour les auteurs. Cela ne me donne pas envie d'écrire parce que je me dis : c'est un peu dérisoire tout cela !

Je ne peux m'empêcher de me mettre à la place des auteurs, Ils ont donné toute leur âme pour un livre et il est là, bradé et pas grand monde n'en veut. Et tous les dimanches je vois les mêmes livres que l'on remet sur les étals et qui ne trouvent pas acquéreur.

Je trouve cela triste, il y a plus triste encore, je pense à ces éditeurs qui disent un jour à leurs auteurs : vos livres invendus vont aller au pilon…

JACQUES ANDRÉ :

Ce que vous dites des livres de poésie touche aussi d'autres catégories d'ouvrages qui peinent à trouver leur lectorat. Lorsque j'achète un livre, j'ai toujours le sentiment d'acheter un morceau d'éternité, quelque chose qui ne passe pas avec le temps… En fait on achète aussi

1 M.-J. Verny et N. Paganelli, 2019, *Par tous les chemins, Florilège poétique des langues de France*, Le Bord de l'Eau, Lormont.

un moment extrêmement court dans la vie d'un auteur, un moment bref où il s'est peut-être fait plaisir.

Michel Dunand :

Ce que vous dites est tout à fait exact, je fais, moi aussi, le même constat mais on écrit aussi pour soi et pas seulement pour les autres. Un livre qui ne se vend pas c'est aussi un livre qui a procuré un certain plaisir à celui qui l'a écrit. Vous avez raison de mentionner cette tristesse de voir les livres ainsi traités mais n'oublions pas la joie de l'auteur au moment de la rédaction de l'ouvrage.

Me permettez-vous de vous lire ce poème d'Eugène Guillevic ?

« XVIII

Un mot n'est pas un clou
Qu'on pique sur la page et qui, là, reste seul,
Égaré sur le blanc au milieu d'autres mots.

Un mot,
C'est plein de mains
Qui cherchent à toucher.

Un mot, ça va
À la recherche d'autres mots
Pour quelque chose.

Ça veut dire, ça veut
Se gonfler de paroles

Où le silence a déposé.

Un mot, ça veut servir
À relier les choses.

Un mot, ça veut marcher
Aussi vite et plus vite
Que le temps, puisqu'il marche
Et que tout ce qui va moins vite
Est malade et rogné par le rien peu à peu.

Un mot n'est pas un clou
Qu'on plante ici ou là
Pour marquer un passage.

Un mot, ça peut
Vouloir jouer, mais pas un jeu
Sans conséquence.

Un mot, un autre mot,
Pas n'importe quel mot,

Celui qui fait
Qu'on voit plus fort et qu'on avance

Avec plus de courage
En regardant les choses. »

Jacques André :

Borgès parlait de cette parenté qui existe entre l'auteur d'un ouvrage et ses lecteurs. Cette parenté qu'on peut avoir avec quelqu'un qu'on ne verra certainement jamais. Prenons l'exemple d'un lecteur qui naîtrait après la mort de l'auteur et qui trouverait son livre à 20 000 kilomètres de là et qui le lira. Malgré la distance, malgré le temps il y aura une complicité entre eux et cela est important.

Norbert Paganelli :

Vous avez une opinion positive sur les revues, qu'elles soient virtuelles ou sur support papier, vous avez aussi un avis positif sur les anthologies et les mises en musique de textes poétiques, cet avis est-il extensible aux prix littéraires dont le nombre ne cesse de croître, lesquels donnent souvent naissance à des recueils récapitulatifs ?

Marilyne Bertoncini :

Oui, effectivement, dans le cadre de *Recours au Poème*, nous éditons également de petites anthologies un peu comme le fait la *Maison de la poésie de la Corse* mais je pense qu'il faudrait l'avis d'un libraire ou d'un éditeur pour connaître l'impact de ces initiatives avec davantage de précision…

Jacques André :

En tant qu'éditeur, je n'ai, pour l'instant, pas d'avis.

Michel Dunand :

Moi également, en tant que responsable d'une revue, je n'ai pas d'avis non plus…

Intervenante :

Le concours lancé par la *Maison de la Poésie de la Corse* dans le cadre du Printemps des poètes m'a beaucoup étonnée. Je n'ai pas souhaité y participer car je me suis dit que je n'avais aucune chance par ce qu'il y aurait certainement des gens plus expérimentés que moi qui avaient toutes leurs chances. En lisant la préface et en découvrant les gagnantes j'ai découvert que ces personnes n'avaient pas une grande expérience de la poésie, cela prouve bien que ce genre d'initiative peut faire émerger des talents, peut contribuer à renouveler le genre. Pour moi, les prix littéraires ont bien une fonction car ils permettent d'entretenir une saine émulation et contribuent à l'animation de la vie culturelle.

Norbert Paganelli :

Merci Madame, je ne sais pas si c'est avec vous que j'avais eu cet échange par mail… Vous me disiez, effectivement, que les personnes qui avaient déjà publié avaient plus de chances que les parfaits inconnus. Je vous avais répondu, je crois, que les membres du jury se prononçaient sur des textes rendus anonymes et que l'antériorité ou l'expérience n'étaient pas obligatoirement une garantie de succès. Le résultat a complètement confirmé mon propos. Vous auriez dû participer à cette sélection, vous l'auriez, peut-être, emporté.

Intervenante (bis) :

Je ne sais pas si je l'aurais emporté mais cela me fait bien plaisir de voir que des gens que je connais figurent au sein de cette sélection à côté de personnes qui ont déjà publié de nombreux ouvrages.

Intervenant :

Je voudrais confirmer ce qui vient d'être dit, j'ai participé au concours organisé par A Casa di a Puisia et j'ai été surpris que mon texte soit sélectionné, cela a été une grande joie pour moi car je me sentais tout petit à côté de certains participants. Cela a été pour moi l'occasion de constater qu'il n'y avait pas de barrières, que l'épreuve était très démocratique et je trouve cela très bien. Donc, pour moi, les concours sont aussi ce rôle : d'encourager les gens comme moi qui se sentent un peu seuls à poursuivre dans leur démarche et aussi à découvrir ce que les autres font, je crois que c'est très important. Il reste que, lorsque je réfléchis, aujourd'hui, aux raisons qui ont poussé les membres du jury à choisir mon texte à la place d'un autre pour figurer dans le recueil, je ne comprends toujours pas vraiment car je n'ai pas de grandes connaissances en la matière.

NORBERT PAGANELLI :

Je ne peux répondre pour les membres du jury qui ont apprécié anonymement les textes en toute liberté mais il faut absolument abandonner l'idée que la réussite poétique serait une affaire d'érudition ou de technique. Un texte peut faire mouche, je veux dire par là peut toucher son auditoire alors que son auteur ignore tout de la poésie et un grand spécialiste de la poésie peut fort bien être incapable de produire un seul texte poétique digne de ce nom. Je dirais, plus généralement que la connaissance est indispensable à l'artisan qui doit reproduire à la perfection un modèle prédéfini, elle n'est pas obligatoirement nécessaire à l'artiste qui doit inventer, créer... Nous revenons là à la tentative de définition que nous avons abordée au début de ce colloque. Mais, bien entendu, on peut aussi être les deux : un spécialiste de la poésie et un vrai poète. Il reste que, détenir la connaissance n'est ni nécessaire, ni suffisant et au fond, cela est plutôt encourageant.

JACQUES ANDRÉ :

On ne peut sous-estimer le fait qu'un beau poème c'est tout d'abord un texte qui se démarque des autres par ses qualités créatives, son originalité, son ton. Un spécialiste de la poésie sait obligatoirement tout cela mais ce n'est pas parce qu'il le sait qu'il saura le faire.

Il n'y a pas obligatoirement de recettes pour être original car s'il y en avait ce ne serait plus de l'originalité. Il n'y a aucune « ficelle » car toute « ficelle » est obligatoirement grossière. Peut-être que la connaissance peut aider à déceler certaines d'entre elles mais, au final, elle n'est pas d'une grande efficacité pour la création pure.

NORBERT PAGANELLI :

Nous avons la chance d'avoir parmi le public Jean-Luc Luciani qui a publié un bel ouvrage : *Musa chì parte da Corscia (Muse qui part de Corscia).* Il s'agit d'une anthologie de la poésie de tradition orale d'un petit village du Niolo. Je souligne l'excellence de cet ouvrage qui a d'ailleurs été primé et qui contient une remarquable préface de son auteur dans laquelle il note, avec exactitude, que les personnes pratiquant cet art ne disent pas « poètes » mais admettent, avec modestie qu'elles font de la poésie... Tu as la parole Jean-Luc...

JEAN-LUC LUCIANI :

Effectivement, j'ai souhaité répertorier la production poétique de mon village, ce qui m'a demandé beaucoup de temps et d'énergie car il n'y avait pas obligatoirement de trace écrite. *Musa chì parte da Corscia,* c'est avant tout un témoignage, le témoignage que la poésie est aussi quelque chose de très populaire, de très modeste et c'est vrai que les personnes qui figurent dans cet ouvrage disaient qu'elles n'étaient pas poètes mais qu'elles faisaient de la poésie. À quelques kilomètres de là, les personnes qui écrivaient des poèmes se revendiquaient poètes, il peut donc y avoir des différences d'appréciation à l'intérieur même d'une microrégion.

Il reste que mon anthologie ne résulte pas d'un concours qui implique obligatoirement un classement, des jugements, une hiérarchisation. Moi, je n'ai souhaité écarter personne afin de laisser au lecteur le soin de faire son choix, de découvrir, de s'interroger. Je n'ai absolument rien contre les concours mais je n'ai pas souhaité entrer dans cette logique.

Michel Dunand :

Je comprends votre démarche, je veux dire votre approche qui consiste à vous éloigner un peu de la notion de concours car il y a dans cette notion quelque chose qui renvoie à l'idée de compétition avec un gagnant et des perdants.

Je crois que les prix sont utiles dans le sens où ils entretiennent une certaine vitalité de la vie littéraire mais il faut avoir un peu de recul et ne pas leur donner plus d'importance qu'ils n'en ont.

Norbert Paganelli :

Merci Michel, je partage totalement ton analyse mais je voudrais revenir sur le propos de Jean-Luc Luciani qui rapporte les paroles des personnes sollicitées pour son ouvrage : « Je ne suis pas poète, je fais de la poésie. » Je ne sais pas ce que vous en pensez mais cela m'interpelle, c'est un peu comme si quelqu'un disait : « je ne suis pas jardinier, je fais mon jardin » ou « je ne suis pas cuisinier mais je fais la cuisine ». La poésie ainsi vécue est une activité comme une autre, nous sommes très loin de l'image qu'elle veut donner souvent d'elle-même et que sous-tend l'affirmation : « Je suis poète ». Nous disions au début de notre rencontre que le mot « poésie » avait tendance à éloigner le public, c'est bien pire pour le mot « poète ». Si vous dites lors d'une rencontre entre amis que vous êtes poète vous passez soit pour un illuminé, soit pour un prétentieux, parfois les deux à la fois... Si vous dites que vous êtes romancier ou philosophe c'est autre chose...

Jacques André :

Il faudrait inventer de nouveaux concepts : *poème, poésie, poètes*... Cela ne fonctionne plus aujourd'hui. Ces termes recèlent quantité de stéréotypes qui éloignent le public de la poésie authentique. Cette dernière n'est jamais ce que l'on croit. Nous discutons et échangeons sur les concours, les revues, les sites, mais ce ne sont pas eux qui posent problème, c'est le terme même de poésie qui a perdu son sens authentique au profit d'un sens qui n'est pas vraiment le sien.

Jacques Thiers :

J'ai souhaité, dernièrement me faire confirmer le nombre d'abonnés que nous avions à la revue *Rigiru*. Il y en avait exactement 120. Sur ces 120 abonnés combien lisaient réellement la revue ? À mon avis, très peu...

*Rigiru* était acheté par militantisme culturel, parce que c'était une revue en langue corse. Pendant plusieurs années, j'ai été chargé de représenter l'Université de Corse au Salon du livre à Paris, il y avait toujours une queue interminable pour l'auteur qui venait d'obtenir le prix Goncourt. Le même auteur, l'année suivante n'arrivait pas à retrouver le même public, c'est dire combien l'opinion est versatile et oublieuse…

Je pense également au destin de la littérature de Salvador Viale en Corse et au dernier livre qu'on a traduit de lui en français sous le titre : *Coutumes et mœurs des Corses*. Eh bien, cet ouvrage avait été publié en 1859 à 300 exemplaires et il était parfaitement connu par des tas de gens. Est-ce que le nombre d'exemplaires édités et vendus représente vraiment la popularité d'une œuvre ?

Michel Dunand :

Moi, je vous l'ai dit, je suis très favorable à la publication d'anthologies, cela peut contribuer fortement à une meilleure connaissance de la poésie car, d'une manière générale les anthologies se vendent mieux que les recueils individuels. Par ailleurs, il arrive que l'on achète une anthologie pour un auteur particulier que l'on connaît et que l'on aime et on en découvre un autre ou d'autres même, les anthologies sont donc, de mon point de vue, un puissant vecteur de notoriété pour la poésie.

Nous parlions, au tout début de ce colloque de l'anthologie de Georges Pompidou que j'avais consultée il y a pas mal d'années, je dois vous avouer que je n'avais pas remarqué la préface qui a été citée par Norbert. D'une manière générale les préfaces des anthologies contiennent de très bonnes analyses relatives à la poésie et c'est aussi pour cela que je suis très favorable aux anthologies.

NORBERT PAGANELLI :

Merci Michel, tu as tout à fait raison de mentionner l'importance des préfaces, je sais que vous relirez tous celle de Georges Pompidou, je vous ai signalé celle de Jean-Luc Luciani qui est très dense et véritablement remarquable. Je voudrais aussi vous citer celle de Jacques Fusina qui introduit le numéro spécial de la revue *NU(e)* consacrée à la poésie corse ainsi que celle signée Jean-Pierre Siméon en présentation de l'anthologie consacrée à la poésie langues de France que j'ai eu le plaisir de coordonner avec Marie-Jeanne Verny. Lorsque j'ai contacté Jean-Pierre pour cette préface, il m'a avoué ne pas vraiment connaître la poésie des régions. En lisant le tapuscrit il a été vraiment surpris par la modernité des textes et leur dimension universelle. Cela fait du bien lorsqu'on entend quelqu'un qui ne connaît pas vraiment le sujet, vous dire cela… On se dit que, quelque part, on ne s'est pas trompé dans le choix des textes et des auteurs.

## La poésie à l'heure d'Internet

*Est-ce que le Net a un rôle à jouer? Il y a beaucoup de blogs, de sites, de pages Facebook qui aujourd'hui présentent de la poésie. Il arrive même que des revues papier abandonnent ce support pour des raisons économiques et se métamorphosent en revues numériques (c'est le cas de l'excellente revue Nu(e) dont nous parlions précédemment).*

*Ces nouveaux vecteurs peuvent-ils assurer une meilleure diffusion, une meilleure connaissance de la poésie?*

*Vous avez la parole...*

Marilyne Bertoncini :

Je pense qu'on a déjà plus ou moins répondu à cette question. Il me semble, effectivement, que c'est un bon moyen pour faire mieux connaître la poésie car c'est tout d'abord particulièrement économique et facile d'accès. C'est aussi un excellent vecteur lorsqu'on veut diffuser de la poésie; une fois l'abonnement au site payé, on peut diffuser la quantité d'informations que l'on veut, il n'y a plus de problème de stockage ni de fabrication du livre ou de la revue.

Jacques André :

Je crois que le Net est un outil de vente. Ce n'est pas un outil de promotion du texte. À titre personnel, j'en suis aux livres, je reste fidèle au support papier, je n'irai pas plus loin, on ne se refait pas. On ne transforme pas un fleuriste en boucher et je continuerai à faire des livres papier. Pour le reste on constate que le livre numérique pour les ordinateurs, les tablettes et les smartphones patine un peu, ne décolle pas vraiment.

Ensuite, on sait que du point de vue strictement écologique, ça n'est pas du tout innocent. Ça coûte très cher en énergie de conserver la mémoire électronique. Cela participe à la surchauffe du monde et ce n'est donc pas une solution d'avenir, une solution que nous pourrions qualifier de pérenne.

Enfin, le livre, est un investissement en temps, en énergie, en passion aussi et le fait de mettre sur le papier quelque chose qui a été choisi par un éditeur suppose que cela a été filtré, pesé, on est censé fournir quelque chose qui a un potentiel, un contenu, qui peut emporter l'adhésion de quelques lecteurs. Bien sûr on peut se tromper mais tout un travail préalable à la publication a été fait.

Ce travail préalable, je n'ai pas le sentiment qu'il soit toujours présent dans l'édition « en ligne ».

Jusqu'à la Renaissance, le livre était un objet qui contenait des textes sacrés. Il en reste encore quelque chose. Il existe encore une vénération pour le livre. Alors quand on en fabrique, on est un peu comme un médecin. Ce dernier considère le corps humain comme sacré et nous, les éditeurs, considérons que le texte imprimé a quelque chose de sacré, c'est une volonté de conférer à l'objet livre une dimension qui va au-delà de la simple réalité, de la seule apparence.

Marilyne Bertoncini :

Je voudrais ajouter quelque chose encore en réponse à ce que vient de dire Jacques André sur le livre papier. Avec les nouvelles technologies, je pense au QR Code imprimé sur le livre papier, on peut connaître la voix de l'auteur ou entendre un poème dit par une autre personne. Il y a là des interactions possibles entre le support papier et les nouvelles technologies et cela peut donner une nouvelle dimension au texte et séduire un public plus jeune. Cette piste mérite vraiment d'être explorée.

Jacques André :

Pour nous, les éditeurs, il est important d'aller à la rencontre des autres et en tout premier lieu des auteurs de chansons car, bien souvent, ce sont des poètes, des poètes qui transforment leurs textes en chansons. Lorsque vous découvrez les paroles d'une chanson sur une vidéo diffusée le Net, paroles qui ont une rythmique poétique, il est bon d'aller à la rencontre de ces auteurs. Souvent la chanson est une forme de poésie mise en musique.

Michel Dunand :

Oui, aucun problème avec internet sur ce point car il permet de découvrir ces talents. Le problème, diront certains, avec ce type de diffusion c'est qu'il y a des filtres qui ne sont plus là et c'est vrai. De ce fait, tout le monde a droit au chapitre et c'est à tout un chacun de faire son choix.

Intervenant :

Sur le Net tout est accessible, tout semble se valoir mais tout ne se vaut pas, moi je me sens un peu noyé dans toute cette production. Il me semble que dans la discussion, l'un d'entre vous a dit que la poésie ne pouvait se concevoir que si elle créait quelque chose de nouveau. Le problème c'est que cette définition, qui fait de la nouveauté le critère d'excellence renvoie à une conception avant-gardiste de la production artistique… Je ne sais si je me fais bien comprendre…

Norbert Paganelli :

L'étymologie de poésie, nous sommes tous d'accord, renvoie au verbe faire. Mais « faire » n'est pas « refaire »… L'artisan refait en fonction d'un modèle, l'artiste fait en fonction de ce qu'il a en tête, c'est-à-dire très concrètement qu'il invente. La « dose » de nouveauté peut être plus ou moins forte en fonction des personnes et des époques mais elle est toujours présente… Un artiste peintre qui peindrait aujourd'hui à la manière de Renoir ou de Pissaro ferait peut-être de jolis tableaux mais… Ferait-il pour autant une œuvre d'art digne de ce nom ? J'ai connu une jeune poétesse qui faisait des poèmes ressemblant étrangement à ceux de Verlaine qu'elle admirait et je lui disais : « Détestez Verlaine afin de trouver votre propre style ! » Elle ne m'a pas écouté, elle m'a même détesté… C'est terrible de vouloir être sincère !

INTERVENANT :

Il me semble que si l'on trouve un peu de tout sur le Net, cela ne fait pas obstacle à un élément très positif : l'accessibilité. Je vous avoue que j'y trouve quantité d'informations, quantité de textes intéressants et s'il est, bien-sûr, nécessaire de savoir faire un tri, nous avons à notre disposition un outil véritablement extraordinaire.

Toutefois, il faut reconnaître que cet outil est tout de même en compétition avec le livre quoi qu'on en dise. Si je prends l'exemple de la poésie, on peut constater que certains auteurs n'envisagent même plus de publier leurs œuvres sur support papier et se contentent d'une simple mise en ligne qui leur assure un lectorat pouvant être important. Soyons clairs, il n'est pas certain que le livre continue à être le support privilégié de la poésie et même de la culture en général. Nous avons connu l'époque des tablettes d'argile, celle des papyrus et des parchemins avant l'avènement des caractères mobiles permettant l'impression à des coûts moindres puis l'époque des livres de poche… Qui nous dit que nous ne nous trouvons pas à l'aube d'une nouvelle ère ou le support papier n'est plus le seul support possible ? Pardon, mille fois pardon chers éditeurs mais nous devons regarder la réalité en face.

INTERVENANT :

Il me semble qu'il y a une différence fondamentale entre le livre papier et les publications sur le Net. Le livre papier est devenu un produit industriel obéissant aux lois du marché alors que ce qui se publie sur internet demeure quelque chose d'artisanal. Il y a d'un côté les professionnels et de l'autre les simples amateurs.

JACQUES ANDRÉ :

On ne peut pas dire cela de tous les éditeurs et je ne suis pas absolument certain que tous les sites que l'on trouve sur le Net soient réalisés et animés par de simples amateurs mais bon… Il y a tout de même un peu de cela.

Le livre est, effectivement, devenu produit industriel sur un modèle terrifiant auquel un éditeur comme moi échappe intégralement. Il reste que le système de vente du livre tel qu'il existe en France avec la loi sur le prix unique, qui est une loi formidable, est victime de quelques petits effets pervers de cette loi, comme par exemple la multiplication des titres pour la multiplication des titres. Il y a donc une sorte de logique pyramidale qui voit les publications s'ajouter les unes aux autres d'une manière absolument infernale.

Le libraire vous dira que « l'office » c'est cela et c'est absolument terrifiant et cela fonctionne parce que, chez nous, on a toujours cette admiration pour les gens qui ont écrit un ouvrage. Ils sont, de ce simple fait, sur une sorte de piédestal. J'ai dit « chez nous » parce que dans d'autres pays cela ne fonctionne pas tout à fait de cette manière, la sacralisation du livre y est moindre.

Je souhaiterais maintenant laisser la parole aux absents. Dans la perspective de ce colloque, j'avais demandé à certains de mes amis poètes leur avis sur ces questions. Patrick Argenté qui est un poète breton du pays Gallo m'avait envoyé sa contribution. Je vous en avais parlé au début de ce colloque et je vous avais dit que je la porterai à votre connaissance un peu plus tard. Le moment est maintenant venu et vous allez voir qu'il va vraiment au fond des choses :

> « On écrit beaucoup de poésie, mais à en croire ce qu'on me dit sur les ventes de livres cela n'a qu'une faible incidence. On lit peu, sauf peut-être sur la toile, lecture que je ne pratique toujours pas.
> Est-ce à dire qu'on écrit et qu'on ne lit pas ? Je ne sais. Les poètes d'aujourd'hui seraient tous des narcisses ou des prêcheurs dans le désert. Écho et Narcisse nous font la leçon. Il est des poètes qui, croyant voir le monde en eux-mêmes, se noient dans le miroir de leurs mots. D'autres, où les mêmes, s'enferment

dans la répétition éternelle de ce qu'ils ont entendu. Pendant ce temps, la poésie se promène ailleurs, libre. Mon expérience assez importante d'ateliers d'écriture en poésie, aussi bien avec des scolaires qu'avec des publics adultes pas toujours très lettrés, me conforte dans le constat suivant. Les mots touchent. Et lorsqu'on voit des visages s'illuminer ou devenir pensifs à la rencontre inopinée de mots qui, en se croisant tout à coup, donnent naissance à une réalité nouvelle ou à de soudaines découvertes cocasses ou émouvantes, on se dit que le goût de la poésie et la matière la mieux partagée du monde. »

Michel Dunand :

Ce que j'entends sur l'avenir du livre, m'effraie un peu et, sincèrement je me demande aussi ce qu'il va devenir. Je ne sais rien. Il est exact que le numérique bouleverse un peu la donne mais j'ai confiance. Je crois au livre. Il fait ses preuves, et pour tout dire, il est irremplaçable.

Au fait, je vois que l'heure tourne. Il faudrait aussi parler du *Marché de la poésie*, place Saint-Sulpice, à Paris, du grand festival *Voix Vives*, organisé par Maïthé Valles-Bled à Sète, des *Maisons de la poésie*… Formidable, non ? L'époque a du bon.

Intervenant :

Pardonnez-moi mais je voudrais revenir sur la première question qui a été abordée en début de colloque et qui porte sur la définition de la poésie elle-même. Je trouve assez curieux que personne n'ait pu donner une définition précise de ce qu'elle est… Il y a des éditeurs, des poètes, des poésies, il y a des anthologies de poésie. Ce qui veut dire que toutes ces personnes qui s'y intéressent ne savent pas ce qu'ils font ?

ALAIN DI MEGLIO :

Dans un premier temps, on peut toujours donner une définition de quelque chose mais dans un second temps on s'aperçoit que cette définition doit être revue car elle est trop restrictive. C'est vrai de la poésie mais c'est vrai de bien d'autres réalités. Nous ne sommes pas parvenus à formuler une définition de la poésie mais d'autres que nous ont échoué et cet échec tient aussi à la nature même de la poésie qui ne possède pas de frontières précises. Où commence la poésie, où finit la prose ? Bien malin qui pourra le dire. Mais, encore une fois, ce qui semble paradoxal, ou décevant, lorsqu'on est à la recherche d'une définition stable, ne l'est finalement pas car c'est un constat qui est commun à bien des activités humaines.

NORBERT PAGANELLI :

Je comprends parfaitement cette question mais je constate combien nous sommes en retard sur ce que la science nous enseigne depuis le début du XX^e^ siècle…

Freud nous a appris que notre moi n'était pas le maître dans sa propre maison, Einstein que le temps, que nous considérions comme une donnée stable ne l'était pas, Heisenberg que le principe d'incertitude nous interdisait de connaître au même moment la position et la vitesse d'une particule…

Comment voulez-vous, dans ces conditions que nous parvenions à donner une définition stable, précise et intangible de ce qu'est la poésie ? Il faut nous résigner à admettre qu'aujourd'hui toute réflexion, dénuée de dogmatisme, nous conduit à considérer qu'elle débouche sur des interrogations et non plus sur des certitudes. C'est inconfortable mais c'est la simple réalité et la poésie ne saurait se soustraire à cette réalité-là.

Il me semble que nous avons épuisé l'ordre du jour, s'il n'y a pas d'autres questions, je vous propose de clore cette rencontre…

***

Je vous remercie toutes et tous d'avoir bien voulu participer à ce colloque sur la poésie contemporaine, la Maison de la Poésie de la Corse en organisera d'autres car nous ne pouvons dissocier le plaisir de lire et d'entendre les poètes de celui qui consiste à nous interroger.

Merci à vous, merci à la municipalité de Bastia représentée par Philippe Peretti, merci à la bibliothèque Tommaso Prelà et en tout premier lieu à Linda Piazza sa directrice, merci au personnel de l'établissement et merci à RCI représentée par Evelyne Adam et Auguste Carta d'avoir assuré la captation sonore de cette rencontre.

Merci pareillement au public qui a su se montrer réactif et d'une grande écoute tout au long de ce colloque.

# Table des matières

Composition : Le Bord de L'eau éditions

Cet ouvrage a été achevé d'imprimer en avril 2024
pour le compte des éditions Le Bord de L'eau
par CPI Firmin-Didot, Mesnil-sur-l'Estrée.

Dépôt légal : mai 2024 – N° d'impression : 179903

*Imprimé en France*